橘
Akira T

不条理な会社人生から自由になる方法

働き方2.0 vs 4.0

PHP文庫

文庫版まえがき　25歳「自主」定年制のすすめ

本書の親本は2019年3月に刊行された『働き方2・0vs4・0　不条理な会社人生から自由になれる』で、文庫化にあたってメインタイトルとサブタイトルを入れ替えました。

この3年のあいだに、日本人の働き方に大きな変化が起きました。

ひとつはいうまでもなく新型コロナウイルス感染症の拡大で、これまでたんなる掛け声だと思われていたリモートワークがまたたく間に普及し、街のあちこちにシェアオフィスがつくられました。仕事というのは定時に出社して、頻繁な会議や打ち合わせで全員の意志を確認しながら進めていくものだという常識は、いまや過去のものになりつつあります。

それと同時に、パワハラ、セクハラ、マタハラなどのハラスメントが大きな社会問題になり、女性はもちろん、外国人や性的少数者など会社内のマイノリティに対する差別が許されなくなりました。私はリベラリズムの価値観を「自分らしく生きること」と定義していますが、日本も世界も「リベラル化」の大きな潮流のなかにあることがますます明らかになりつつあります（「保守化」といわれる現象は、「リベラル化」へのバックラッシュです）。

リベラリズムの根底にあるのは、「わたしが自由に生きるのなら、あなたにも自由に生きる権利がある」という自由の相互性・普遍性です。現代社会では、この原理を否定する者は「差別主義者」のレッテルを貼られて社会的な地位を抹消（キャンセル）されますが、奇妙なことに、日本の労働市場ではいまだに堂々と「差別」が行なわれています。

「正規／非正規」はグローバルスタンダードでは明らかな身分差別ですが、それ以外にも「親会社／子会社」という所属による差別、海外の日本企業で行なわれている「現地採用／本社採用」の国籍差別、さらには子どものいる女性をマミートラックという「二級正社員」にするジェンダー差別など、「日本的雇用」は重層的な差別によってつくられています。——近年では、定年後再雇用によって収入を大きく減らされることが「年齢差別」として裁判で争われています。

日本では右も左も「グローバリズムの雇用破壊を許すな」と大騒ぎしてきましたが、メディアや知識人が口をぬぐっているのは、このような「差別問題」が彼らの大好きな「日本的雇用」から必然的に生じるという事実（ファクト）です。

海外で一般的な「ジョブ型」の働き方では、ジョブ（職務記述書《ジョブ・ディスクリプション》）に記載された仕事内容）によって報酬などが一律に決められており、同じ仕事を20歳の若者と60歳のシニアが行なっても給与・待遇は同じで、自然に「同一労働同一賃金」になります。それに対して日本では、正規／非正規や親会社／子会社などの「身分」が異なる労働者が同じような仕事を行なっているので、「不公平だ」との紛争があちこちで勃発することになるのです。

当然のことながら、ジョブ型では「正社員」などという身分はなく、同じ仕事をしていても、親会社から出向してきた社員の方が給与が高いなどという慣習が許されるはずもありません。ここからわかるように、本気で「差別のない働き方」を目指すなら、日本的雇用を徹底的に「破壊」してジョブ型につくり変えなくてはならないのです。

ジョブ型雇用とは、１９６０年代の公民権運動以降、アメリカ社会が「従業員から差別だと訴えられないためにはどうすればいいか」を試行錯誤しながらつくり上げてきた制度です。それが（日本を除く）世界中に拡がったのは、「リベラル」を自称するひとたちが誤解しているように「ネオリベ（新自由主義者）の陰謀」などではなく、すべての労働者を平等に扱う「リベラル」な雇用制度がこれしかなかったからです。

労働組合の目的は労働者の給与（労働条件）を引き上げることですが、日本では「新しい資本主義」を掲げる岸田政権が企業に対して賃上げ要請をするという奇妙奇天烈なことになっています。政府・自民党が労働組合の役割を担っているとしたら、日本の労働組合はいったい何をやっているのか。それはもちろん、「正社員という身分（メンバーシップ）の既得権」を守ることです。

日本にジョブ型雇用を本格的に導入すれば、バックオフィスの仕事をしている正社員は、契約や派遣のスタッフと同じ条件で働くことになります。これまで正社員の身分に安住し、「非正規」を蔑《さげす》んできたのだから、こんな屈辱にはとうてい耐えられないでしょう。こうして、「正社員の利益団体」である労働組合は、すべての改革に頑強に反対することになるのです。

ひとは誰でも、自分の利益を守ろうとします。その意味で労働組合を一方的に批判はできませんが、私が納得できないのは、彼ら／彼女たちが一貫して「リベラル」を詐称していることです。

差別を容認する者は、定義上「差別主義者」です。だとすれば、正規／非正規の身分差別を守ろうとする労働組合は「差別主義団体」でしょう。「あらゆる差別に反対する」と唱えている者が差別的な慣行にしがみついているのが、日本社会の皮肉な（あるいはグロテスクな）現実なのです。――詳しくは、本書の【文庫版特別寄稿】誰もが知っていながら報じられない「労働者」以前に「人間」としてなんの権利も認められない非正規公務員の現実」（297ページ〜）をお読みください。

2021年9月、サントリーの新浪剛史《にいなみたけし》社長が「45歳定年制」を提案し、「強制解雇の合法化ではないのか」とSNSで炎上しました。この批判があながちまちがっていないのは、定年制というのは「超長期雇用の強制解雇」だからです。そのためアメリカでは定年は「年齢差別」として違法で、その後、イギリスやスペインなどヨーロッパの国々が追随しています。

だとしたら、真のリベラルが主張すべきは、「45歳定年制」に罵詈雑言《ばりぞうごん》を浴びせて60歳定年制（という強制解雇）を守ることではなく、定年制そのものを廃止して、気力や体力が続くかぎりいつまでも働ける社会をつくることでしょう。

人生100年時代では、60歳で定年すると「無職」の期間が40年もあります。20歳で就職し、60歳まで40年間働きながら少しずつ積み立てたお金で、40年の余生を安心して暮らせるなどというウマい話があるかどうかは、ちょっと考えれば小学生だってわかるでしょう。

だったらなぜ、定年制を廃止して「生涯現役」社会を目指さないのか。それは、定年制のない「終身雇用」だと、企業はたまたま雇った社員の生活の面倒を死ぬまで見なくてはならなくなるからです。こんなことはとうてい不可能なので、不要な人材を整理する大きな権限を企業に与えなくてはなりません。

ジョブ型では、この問題を「ジョブがなくなったら整理解雇し、労働市場に戻す」という方法で処理しています。北欧諸国では、この「待機期間中」に職業訓練を受けたり、大学や大学院で（ＭＢＡのような）資格を取得することを政府が支援しています。――「日本も北欧のように大学を無償化しろ」と主張するひとがいますが、北欧の大学で行なわれているのは実学（職業教育）で、人文系の学問は「趣味」として自費で勉強すればいいとされていることにはぜったいに触れません。

それに対してメンバーシップ型の日本企業は、ジョブがなくなった正社員を異動させ、他のジョブをあてがっています。こうして、「営業から総務部へ」という異動が当たり前のように行なわれるのですが、これを聞くと欧米のビジネスパーソンは腰を抜かすほどびっくりします。ジョブとは「専門とする仕事」のことで、異動で別の仕事をさせられたらキャリアが途切れてしまうからです。その結果、日本のサラリーマンはみな「我が社」の専門家で、自分の専門分野については素人《しろうと》になってしまいました。

新浪社長が「45歳定年制」でいいたかったのは、会社に滅私奉公しているだけではこれからの時代を生き延びていけないから、45歳までにどの会社でも通用する専門性を身につけるべきだということでしょう。かつては「世界に冠たる」といわれた大企業が破綻したり、経営が迷走して分割・買収される姿を見れば、誰もが（うすうす）この主張の正しさに気づいているはずです。「45歳定年制」がひとびとの逆鱗《げきりん》に触れたのは、暴論だからではなく、正しいことをいわれたからでしょう。

しかし、60歳であれ45歳であれ、定年が「年齢差別」であることに変わりはありません。そこでここでは、よりリベラルな働き方として、「25歳「自主」定年制」を提案したいと思います。

ここまで日本的雇用の「重層的な差別」を批判してきましたが、すべての制度にはトレードオフ（利点と欠点）があり、ジョブ型がなにもかも素晴らしく、メンバーシップ型がすべて劣っているとはいえません。

欧米の状況に比べて日本的雇用にアドバンテージがあるとすれば、若年層の失業率が低いことでしょう。新卒一括採用（これは現行法でも年齢差別として違法ですが、厚労省が適用除外しています）でどこかの会社に入れば、仕事についてなにひとつ知らなくても、とりあえず働きはじめることができます。

それに対してジョブ型では、応募のときに、その仕事をこなす十分な「学歴・

資格・経験」があることを証明しなくてはなりません。これでは、就労経験のない若者は経験者との競争に敗れ、いつまでたっても働きはじめることができず、若年失業率が上がってしまいます。――もちろん新卒一括採用には、ひとたび景気が悪化して企業が採用を絞ると、正社員への道が閉ざされた「被差別労働者（氷河期世代）」を大量に生み出してしまう負の側面があります。

働きながら仕事を学ぶＯＪＴ（On the Job Training）は、要は「お金をもらって勉強する」制度です。それに対して欧米の若者は、多額の教育ローンを背負いながら、大学や大学院で就職に必要な資格を自力で取得しなければなりません。

じつは、日本企業のＯＪＴが法外に有利な仕組みだということは、海外の若者たちにはずいぶん前から知られていました。海外で採用を担当している日本人が口をそろえていうのは、「日系企業は最初は評判がいいけど、2〜3年したら優秀な人材はみんな外資系に転職していってしまう」ということです。

でも、これは考えてみれば当たり前の話です。日系企業の海外部門で働く外国人は「現地採用」で、日本からやってくる「本社採用」の社員とのあいだに歴然とした身分のちがいがあります。お金をもらいながら仕事を覚えられるのならべつに構わないかもしれませんが、転職に必要な経験をいったん手に入れたなら、このような「差別」に耐える理由はありません。こうして、3年程度の「経験」を積んだらさっさと辞めていくのです。

「25歳「自主」定年制」では、これと同じことが日本国内でも起きる（あるいは、現に起きている）と予想します。なぜなら、賢い若者が同じ環境に置かれれば、国がちがっていても考えることは同じはずだから。

日本的雇用がいつまで持続できるかはわかりませんが、とりあえずいまのうちは、新卒一括採用（就活）でどこかの会社に入り、仕事を覚えることには大きなメリットがあります。とはいえ、なにも知らないうちにたまたま決めた会社が自分にとってベストだという幸運は、宝くじに当たるのと同じくらいの確率でしょう。

年功序列や終身雇用が崩れはじめたことで、外資系だけでなくIT企業などを中心に、ジョブ型の中途採用を行なう会社も増えてきました。だとしたら、海外の賢い若者たちと同様に、3年程度働いて「自分の専門／キャリア」といえるものができたところで、やりがいや生きがいを求めて転職するのはきわめて合理的です。このようにして日本でも、新卒で入った会社を3年で辞め、40歳までに2～3回転職してキャリアを積み上げていくジョブ型の働き方へと移行していくのではないでしょうか。

コロナ禍で、欧米の働き方も大きな転機を迎えました。コンサルタントやプログラマー（エンジニア）など高い専門性をもつひとたちが、リモートワークによって、組織（会社）に所属していなくても働けることを実感したのです。

この体験が大きな影響力をもつのは、現代社会において、ほとんどのストレスが人間関係から生じるからです。好きなひととしか仕事をしないというぜいたくはできないとしても、「イヤな奴」との仕事を断れるだけで人生の幸福度は劇的に上がります。アメリカではこのことに気づいたクリエイティブクラスが、いまや続々とフリーエージェントになっています。この潮流はいずれ日本にも押し寄せ、30代や40代でじゅうぶんなキャリアを積んだ専門職（スペシャリスト）が、SNSでの評判を使って独立するようになるでしょう。

さまざまな調査で、自営業者の幸福度はサラリーマンより一貫して高いことがわかっています。収入が不安定でも、「人間関係を自分で選べる」ことは、それを補って余りある魅力があるようです。

テクノロジーの進歩で個人の評判が可視化されれば、もはや会社の信用で仕事を受注する必要はなくなります。この流れがさらに進めば、いずれはGAFAのようないくつかのプラットフォーマーと、それを利用してビジネスする個人や小企業（マイクロ法人）だけになっていくのではないでしょうか。

世界で唯一、メンバーシップ型という「差別的」な雇用制度に固執する日本は、これから強い逆風にさらされるでしょうが、ジョブ型の働き方も解体し、やがて両者は「働き方4・0」のフリーエージェント社会へと収斂《しゅうれん》していくのでしょう。

はじめに　「未来世界」と「前近代的世界」に引き裂かれて

最初に、本書における「働き方」を定義しておきましょう。論者によってさまざまな主張があるでしょうが、ここでは次のように使います。

働き方1・0　年功序列・終身雇用の日本的雇用慣行
働き方2・0　成果主義に基づいたグローバルスタンダード
働き方3・0　プロジェクト単位でスペシャリストが離合集散するシリコンバレー型
働き方4・0　フリーエージェント（ギグエコノミー）
働き方5・0　機械がすべての仕事を行なうユートピア／ディストピア

2021年10月、JR品川駅のコンコースに設置された数十台のディスプレイに「今日の仕事は、楽しみですか。」の大きな文字が表示され、それを「社畜回廊」と名づけたSNSの投稿が拡散・炎上して、広告を出稿した企業が1日で撤回する騒ぎになりました。

「今日の仕事は、楽しみですか。」の広告に対しては「つらくても仕事を頑張っているひとを傷つける」などの批判が集まりましたが、これはたんなる方便で、多くのサラリーマンの本音は「仕事が楽しみなわけないだろ」でしょう。

エンゲージメント指数は、会社への関与の度合いや仕事との感情的なつながりを評価する指標です。エンゲージメントの高い社員は仕事に対してポジティブで、会社に忠誠心を持っています。エンゲージメントが低いと、仕事にネガティブで会社を憎んでいるということになります。当然、社員のエンゲージメントが高い会社ほど生産性は高くなります。

近年になってエンゲージメントの重要性が認識されるようになって、コンサルタント会社を中心にさまざまな機関による国際比較が公表されるようになりました。ロッシェル・カップさんはシリコンバレー在住の経営コンサルタントで、

「職場における異文化コミュニケーションと人事管理」を専門とし、トヨタや東レなど多くの日本企業にもコンサルティングを行なっています。そのカップさんが、以下のような驚くべきデータを紹介しています。[1]

エーオンヒューイットによる「2014年アジア太平洋地域の社員エンゲージメントの動向」では、日本でエンゲージメントレベルが非常に高い社員は8%(22%)、ある程度高い社員は26%(39%)、低い社員は32%(23%)、非常に低い社員は34%(16%)となっています。ちなみにカッコ内は世界平均で、日本の会社はエンゲージメントレベルの高い社員がものすごく少なく、低い社員がものすごく多いことがわかります(以下のデータでもカッコ内に世界平均を示します)。

ギャラップの「2013年グローバルワークプレイスの実情」によると、日本でエンゲージメントレベルが高い社員は7%(13%)、低い社員は69%(63%)、非常に低い社員は24%(24%)となっています(ちなみにアメリカは30%、52%、18%です)。

タワーズワトソンの「2014年グローバル労働力調査」によると、日本でエンゲージメントレベルが高い社員は21%(40%)、ある程度高い社員は11%(19

%）、低い社員は23％（19％）、非常に低い社員は45％（24％）でした。

マーサーが世界22カ国のエンゲージメントレベルを評価したところ、トップはインドの評価点25％で、メキシコが2位で評価点19％、アメリカは中間で評価点1％、日本は最下位で評価点はマイナス23％でした。

エフェクトリーインターナショナルによる「グローバル社員エンゲージメント指数（2014年）」によると日本の得点は4・5で調査対象国中最低、世界平均は6・2、アメリカは6・5でした。その内訳を見ると、日本はコミットメント5・1（6・9）、満足度5・8（7・1）、効率6・0（7・3）、モチベーション5・8（6・9）、活力6・0（7・2）で、すべての指標が調査対象国のなかで最低です。

ヘイグループによる「2013年社員エンゲージメントトレンドに関するグローバル調査」では、日本のエンゲージメントレベルは62％、世界平均は66％、アメリカは73％で、好業績企業の平均は73％でした。

エクスペディアジャパンが24カ国の社員を対象に実施した2013年の調査では、雇用状況に満足している日本の社員は60％にとどまり、調査対象国中最低を記録しました。トップは90％のノルウェー、インドが2位、マレーシアが3位です。

ロバートハーフが5カ国3556人の金融専門家を対象に行なった調査では、仕事に対する満足度が日本は47％で最低を記録しています。

OECD（経済協力開発機構）によると、日本で自分の仕事に（ある程度）満足している社員の割合は72・4％でした。OECDの平均は80・9％、アメリカは82・2％ですが、この調査に関してだけはフランスと韓国が日本より低い値を記録しています。

こうした調査結果を「小泉政権以来のネオリベ改革のせいだ」と考えるひともいるかもしれませんが、調査期間は民主党政権（2009〜2012年）の時代と重なっています。さらに、1980年代末のバブル最盛期に行なわれた日米比較でも、アメリカの労働者の方が仕事に満足し、友人に自分の会社を勧めたいと思い、もういちどやり直せるとしても同じ会社で働きたいと考え、入社時の希望と比較していまの仕事に合格点をつけていたのです[2]。

「日本的雇用が日本人を幸福にした」というのは幻想であり、真っ赤なウソだったのです。

1人当たりの平均年間総実労働時間を見ると、1980年代の日本は2000時間を超えて先進諸国で圧倒的に長かったのですが、2015年には1719時間まで減少してアメリカ（1790時間）と逆転し、1600時間台のイギリスやスウェーデンと比べても大きなちがいはなくなりました。その一方で長時間労働の割合では、日本は就業者の20・8％が週49時間以上働いており、この比率はアメリカ（16・4％）、イギリス（12・3％）、フランス（10・1％）、ドイツ（9・6％）に比べて際立って高く、スウェーデンにいたっては7・3％しか長時間労働をしていません。

なぜこのようなことになるかというと、平均年間総実労働時間が正社員だけでなく非正規やパートも含めた全就業者を対象としているからで、日本の15〜64歳男性の平均労働時間は世界でもっとも長くなっています。短時間労働の非正規雇用が増える一方で、そのしわ寄せが正社員の長時間労働につながっているという日本人の働き方の特殊性が表われています。

それにもかかわらず日本経済のいちばんの問題は労働生産性が低いことで、OECD38カ国中28位、先進7カ国のなかではずっと最下位です。日本の労働者が生み出す1人当たりの利益（付加価値）は7万8655ドル（約809万円）で、アメリカの労働者（14万1370ドル／1460万円）の55%しかないのです。[3]——ちなみに親本ではアメリカの66%だったので、4年間で差はさらに広がっています。

その結果、かつては世界でもっともゆたかだった1人当たり名目GDPは下がりつづけ、2020年には4万48ドルで、6万3285ドルのアメリカはもちろん、ドイツ、イギリスにも抜かれて世界19位に低迷しています。アジアでもシンガポール、香港に大きく差をつけられ、韓国（22位）に並ばれようとしています。

事実（ファクト）を見るかぎり、日本のサラリーマンはむかしもいまもずっと会社を憎んでおり、過労死するほど働いているもののまったく利益をあげていないのです。

本書ではこうした「不愉快な事実」を出発点にして、「日本人の働き方はこれからどうなっていくのか？」「急速に変わりつつある世界でどのように生き延びればいいのか？」を考えていきたいと思います。

話を始める前に、用語について若干説明しておきます。

最近ではビジネス書を中心に、会社員を「ビジネスパーソン」と呼ぶようになりました。従来の「サラリーマン」は〝男性中心主義〟だという理由でしょうが、本書の中心的な主張は「日本人の働き方はグローバルスタンダードと根本的にちがう」というものです。両者のちがいを明確にするために、年功序列・終身雇用の日本的雇用の下で働いているひとたちを（女性を含め）「サラリーマン」と呼び、グローバル企業で働く「ビジネスパーソン」と区別します。

日本の経済・ビジネス用語の大きな問題は、企業（enterprise）、法人（corporation）、会社（company）が混同されていることです。「企業」は自営業を含む「事業体（ビジネスの主体）」のことで、「法人」は「法的な人格を付与された組織」、その法人格でビジネスを行なうのが「会社」です。株式会社などの規則を定めた法律は「会社法」で、コーポレートガバナンスは「企業統治」ではなく「会社（法人）統治」としなければなりません。

同様に「大企業」「中小企業」も、それが株式会社であれば「大会社（large company）」「小会社（small company）」などとすべきですが、「日本会社」「グローバル会社」はやはり不自然です。そのため、companyの意味で使うときはできるかぎり「会社」と表記しますが、慣用的に「企業」を併用することにします。

なお、私の他の著作と同じく主張にはできるだけ出典をつけていますが、煩瑣《はんさ》に思われるようなら註は無視してください。

不条理な会社人生から自由になる方法

働き方2・0vs4・0

目次

1　生き方・働き方が衝撃的に変わる未来

2 前近代的な身分制社会・日本

3 会社や管理職はなくなるのか？

4 「未来世界」で生き延びる方法

1

生き方・働き方が衝撃的に変わる未来

19世紀であれば、アメリカのロックフェラーやモルガン、日本の三井・三菱など、いったん市場を独占した財閥は100年を超える長期の繁栄が約束されました。しかしアメリカの会社（S&P500）の平均寿命はどんどん短くなっており、1960年には約60年だったのが今日では20年にも満たず、アメリカを代表する100社のうち創業100年を超えているのはたった11社しかありません。日本では創業100年超の老舗企業がもてはやされますが、「人生100年」時代では従業員より先に会社が寿命を迎えるのです。

このような事態が起きているのは、テクノロジーのパワーが指数関数的に向上しているからです。それを説明するには、やはり「ムーアの法則」から始めなくてはなりません（「その話は何度も聞いたよ」という方もいらっしゃるでしょうがすぐに終わります）。

テクノロジーのスーパーノバ

インテル創業者のゴードン・ムーアは1965年、集積回路の性能（集積密度）は18～24カ月で倍になり、すくなくとも10年はこれがつづくと予想しました。そして驚くべきことに、この法則は半世紀以上たった現在でも有効です。

指数関数的な性能の向上は直感ではうまく理解できないため、インテルのエンジニアたちは、1971年のフォルクスワーゲン・ビートルがムーアの法則と同じ比率で改善されたらどうなるかを試算しました。すると、現在のビートルは時速48万2800キロで走り、ガソリン1リットル当たりの走行距離は85万キロで、価格は4セント（約4円40銭）になりました。[4]

集積回路以外でも、さまざまな分野で指数関数的な性能の向上が起きています。1990年頃には20メガバイト程度だったパソコンのストレージ容量はテラバイト（1000メガバイト）が当たり前になり、性能向上のスピードはムーアの法則を超えています。さらには多数のコンピュータサーバーをネットワークする方法が確立したことで、いまでは無制限のビッグデータを扱うことができるようになりました。

通信速度も、やはり指数関数的に向上しています。「通信網の帯域幅は6カ月で約2倍になる」というのは「ギルダーの法則」と呼ばれ、2000年頃は2時間の映画をダウンロードするのに何時間もかかっていたのにそれが数秒になり、陸上と海底の光ファイバーを使って光の速さの半分ほどで地球の反対側のコンピュータにデータを送ることができるようになりました。

このようにして巨大なデータをネットワークでクラウド（雲＝cloud）に集約し、それをＡＩ（人工知能）に機械学習（深層学習）させることが可能になって、人間以上の「知能」を持つ機械（ロボット）が登場しました。チェス、将棋、囲碁などでチャンピオンや名人が次々と機械に敗れる姿を目にしてひとびとは驚愕しましたが、これ

図表１

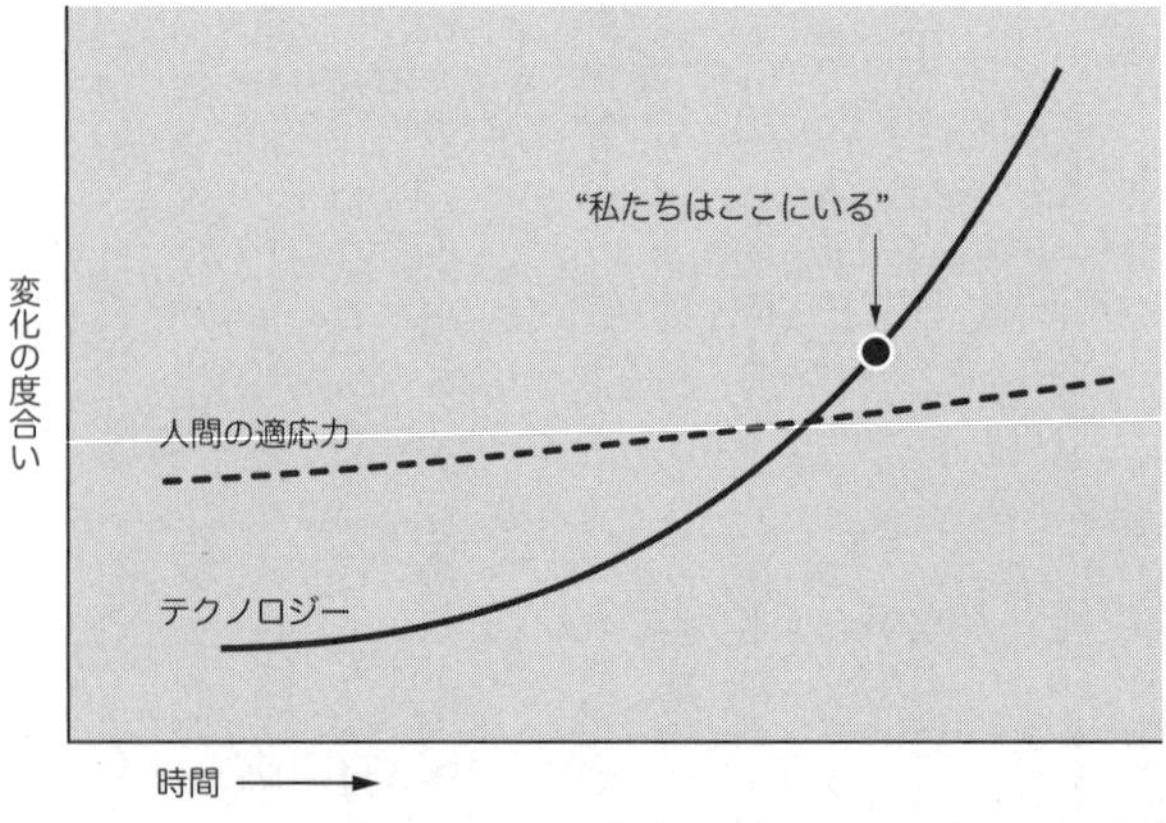

トーマス・フリードマン『遅刻してくれて、ありがとう』より作成

はまだ「新しい機械の時代（セカンド・マシンエイジ）」の幕開けにすぎません。

ニューヨーク・タイムズのコラムニスト、トーマス・フリードマンは、こうしたテクノロジーの驚異的な性能向上を「スーパーノバ（超新星）」と呼び、グーグルの研究開発機関〝X〟のCEOエリック・テラーが描いた図を紹介しています[5]（図表1）。

テラーによれば、人間には新しい環境に適応する能力があるものの、それは一次関数的にしか向上しません。科学技術の水準が低かった時代なら、それでもまだ新しい知識や機械を使いこなすことができましたが、テクノロジーの性能爆発＝スーパーノバによって平均的な人間が理解できる水準を超えてしまいました。そして今後、機械たちはさらにとてつもないスピードでその能力を伸ばしていくのです。

「カルチャーデック」の衝撃

テクノロジーが人間の能力を超えつつある時代には、私たちの働き方も大きく変わらざるを得ません。そのことを、「働き方改革」の最先端であるシリコンバレーでなにが起きているかを教えてくれる3冊の本で見ておきましょう。

まずは映像配信会社ネットフリックス（Netflix）。

「カルチャーデック」はネットフリックスの人事方針を説明した社内資料で、経営陣が創業当初から学んできたことを若い起業家に向けて公開したものです。フェイスブック（現メタ）COOのシェリル・サンドバーグが「シリコンバレーで書かれたなかでもっとも重要な文書」と称賛したことで一躍注目を集め、爆発的に拡散しました（ネットに日本語訳もあります）。そこには「すべてのポストにもっとも優秀な人材をあてる」「業界最高水準の報酬を支払う」「将来の業務に適さない人にはお金を払って辞めてもらう」「有給休暇を廃止する（従業員の裁量で休む）」「人事考課制度は時間と労力のムダ」など、シリコンバレーの企業ですら腰が引けるような言葉が並んでいました。

日本のサラリーマンからすれば「異様」と形容するほかない働き方ですが、ネットフリックスの元最高人事責任者でカルチャーデックの共同執筆者でもあるパティ・マッコードは、ここにはなにひとつ特別なことはなく合理的な試行錯誤の結果にすぎないといいます【6】。

ネットフリックス創業者で現CEOのリード・ヘイスティングスはそれ以前にピュア・ソフトウェアという会社を興したことがあり、マッコードはこのスタートアップに参加していました。その後、サン・マイクロシステムズなどで人事のキャリアを積み、ヘイスティングスがネットフリックスを始めるときに声をかけられ、1997年の創業から人事の責任者を務めてきました。じつはマッコードは、ふたたびヘイスティングスとベンチャーをやるのは気が進まなかったといいます。それでも彼女の背中を押したのは、午前2時の電話で、「僕らが本当に働きたいと思えるような会社をつくれたらいいと思わない？」といわれたからです。

マッコードが所属していたサン・マイクロシステムズの人事部には370人ものスタッフがいましたが、そのほぼ全員が本業とは直接関係のない仕事をしていて、会社がどんな製品をつくっているのかさえ説明できませんでした。大企業の人事部での日々を回想して、「楽しかったが、満たされない思いもあった。もっと私たちに敬意を持ってほしい、認めてほしいという願いがいつもあった」とマッコードは述べています。

DVDのレンタルを郵送で行なう事業でスタートしたネットフリックスは、2001年にドットコム・バブルがはじけると業績が悪化し、全従業員の約3分の1を解雇する倒産寸前まで追い込まれました。ところがここで、彼らに神風が吹きます。DVDプレーヤーの価格が下がり、その年のクリスマスプレゼントとして大人気になると、誰もがプレーヤーで再生するDVDを借りようとしはじめたのです。

こうして事業はふたたび軌道に乗ったのですが、こんどは3分の2の人員で2倍の仕事量をこなさなければならなくなりました。しかしここで、マッコードは奇妙なことに気づきます。仕事はものすごく大変だったのですが、みんな前よりずっとハッピーだったのです。

その頃マッコードは、経費節減のためCEOのヘイスティングスと車を相乗りして職場に通っていました。その車の中で、彼女はヘイスティングスに訊きます。

「どうしてこんなに楽しいの？　毎朝職場に行くのが待ちきれないくらいよ。夜になっても家に帰りたくない。みんなあんなに大変そうなのに楽しそう。いったいなにが起こっているのかしら？」

「よし考えてみよう」と、ヘイスティングスは答えました。

彼らが発見したのは、とびきり優秀なエンジニアだけをそろえた小さなチームの方が、仕事熱心なエンジニアの大きなチームよりもよい仕事をしていたことでした。大規模な人員整理で中間管理職をごっそり解雇して以来、いちいち意見を聞いたり承認を得たりする必要がなくなり、全員が前よりずっと速く行動していました。リストラによって、「最高の結果を出せる人だけが会社に残っていたのです。

会社は従業員になんの義務もない

ネットフリックスの最高人事責任者だったマッコードは、「会社は、顧客を喜ばせる優れた製品を時間内に提供できるよう努めることを除けば、従業員に何の義務もない」と断言します。

（会社には）従業員に能力を超えた仕事や才能に合わない仕事を引き受けるチャンスを与える義務はない。長年の貢献に報いるために別のポストを用意する義務もない。彼らに遠慮して、会社の成功に必要な人事変更を控える義務も、もちろんない。（中略）

会社は従業員の能力開発に特別な投資を行い、キャリアパスを提示し、高い定着率を維持するために努力する。（中略）でもそんな考え方は時代にそぐわないし、従業員にとってもベストでない。（中略）そういうやり方では、従業員は意に添わない職務や、自分の思っているほど――または上司に求められるほど――うまくできない職務に縛られて、社外によりよい機会を求められない（後略）。

採用面接でも、「キャリアマネジメントはあくまで従業員自身の責任だ。社内に昇進の機会はたくさんあるが、会社として従業員のためにキャリア開発をすることはない」とはっきり伝えているといいます。

これではあまりに冷たいのではないかと思うでしょうが、そんなことはありません。日本の会社とネットフリックスでは、「仕事」に対する考え方がまったく異なるのです。

マッコードは、ネットフリックスの人事戦略の基本を以下の3点にまとめています。

1　優れた人材の採用と従業員の解雇は、主にマネージャーの責任である
2　すべての職務にまずまずの人材ではなく、最適な人材を採用する
3　どんなに優れた人材でも、会社が必要とする職務にスキルが合っていないと判断すれば、進んで解雇する

この方針によって、「時代に遅れて進化できずに苦労しているチームに足を引っ張られずに、目指す目標を達成するためのチームを、効果的かつ積極的につくることができた」とマッコードはいいます。

ここからわかるように、ネットフリックスが目指しているのはプロスポーツの

ような「ドリームチーム」です。そう考えれば、一見、常識外れなさまざまな改革がきわめて「常識」的なものだとわかるでしょう。

Ｊ１のヴィッセル神戸はスペインの名門バルセロナのスター選手アンドレス・イニエスタを推定年俸32億円で獲得しましたが、このときチームの他の選手と比較したり、Ｊ１の他チームの平均年俸を参考にしたりすることはありませんでした。「最高水準の報酬」を提示しないと最高の選手を獲得できないのは当然のことです。

「従業員を登用できそうなポストに空きが出たときでも、その職務ですでに優れた実績を積んでいる人材を外から迎える方がずっとよい」とマッコードはいいますが、これも「冷たい」からではありません。フォワードやゴールキーパーが足りなくなったときに、なにも考えずに下部組織から二番手を「昇進」させるような〝家族主義的〟なチームがプロの世界で勝ちつづけるのは難しいでしょう。

キャリアマネジメントは「自己責任」というのもプロスポーツなら当たり前で、「毎日こつこつ練習に出て5年頑張れば誰でもＪ１のピッチに立てる」などということはありません。監督を含めチームスタッフは選手の成長を促すでしょうが、最終的には「努力」ではなく「実力」で評価するしかないのです。

日本の会社では「優れた人材でも解雇する」などという人事はとうてい受け入れられないでしょうが、プロのスポーツチームなら、監督が交代してチーム戦術が変わったり、求める能力に達しないと判断されれば、どれほどチームに貢献していても契約の終了を通告されます。レアル・マドリードやバルセロナのような最強チームでも、そうやって新陳代謝を繰り返さないとたちまちライバルに追い越されてしまいます。ポストに空きをつくらなければ優秀な人材を迎え入れることはできないのですから、「ドリームチーム」を維持するためにも解雇は必然なのです。

有給休暇制度や経費規定を廃止したのは社員を大人として扱っているからです。大人なら与えられた大きな「自由」を自分で管理できるはずです。「カルチャーデック」とは、ネットフリックスが創業以来培ってきた「(プロフェッショナルたちの)自由と自己責任の文化」のマニフェストなのです。

ネットフリックスが目指すのは、「事業や顧客の必要に合わせてたえず変化しつづける有機体」のような組織です。DVDの宅配からオンライン配信、自社コンテンツの制作へと大きく事業を変えてきたのは、創業時のスタッフをやりくりしたからではなく、大胆なリストラと最適な人材のヘッドハンティングによってはじめて可能になったのです。

従業員は解雇を知らされる権利がある

ネットフリックスは「業界最高水準の報酬を支払う」と宣言していますが、これは無闇に高給をはずむことではありません。現在の給与が他社と遜色ない水準なのかどうかを自ら確認するために、社員は積極的に他社の面接を受けるよう促されます。逆にいうと、競合他社から高額のオファーをされないような社員はいらない、ということです。

解雇についてマッコードは、「業績不振者を解雇するだけでもつらいのに、多大な功績を残した人を解雇するのは本当にやりきれない」と認めます。しかし「プロ」であれば、いつかはチームを離れる日が来るのは仕方ないことです。

そのときに、最高のはなむけになるのはいったいなんでしょう。それは励ましや、ましてや慰めなどではなく、「ネットフリックスは最高の人材だけを採用する」という評判です。「常勝軍団」レアル・マドリードは2018年にFIFAクラブワールドカップを3連覇しましたが、それがチームに在籍していたすべてのサッカー選手にとって勲章になったように、ネットフリックスの評判が次の仕事を探すときの大きな武器になるのです。

マッコードは、「十分な業績を挙げていないのであれば、そのことを率直に知らされる権利が（従業員には）ある」として、日本でも一般的な業務改善計画（PIP）を否定します。それは「能力がない」ことを証明するためだけに行なわれるもので、社員にそんな残酷な思いをさせる理由はありません。

プロスポーツにおいては、チーム戦術にフィットしない選手を「飼い殺し」にするのではなく、積極的に他チームに移籍させることが推奨されます。まったく活躍できなかった選手が、別のチームで才能を開花させた例はいくらでもあります。このように考えれば、マッコードの次のような「冷酷」な言葉も理解できるのではないでしょうか。

マネジャーが受け入れがたい真実を繕い、従業員の解雇を最後の瞬間まで引き延ばし、部下を望まない職務や会社に本当は必要でない職務に縛りつけても、誰のためにもならない。こうしたことの結果、本人だけでなくチームまでもが無力化し、やる気をそがれ、心をむしばまれる。従業員は自分の将来性についての本当のことを、リアルタイムで知る権利がある。彼らの、そしてチームの成功を確かなものにするには、ありのままを率直に伝え、新しい機会を探す手助けするのが一番だ。

アメリカは訴訟大国とされますが、こうした大胆な採用と解雇を行なってもネットフリックスでは大きな問題は起きていないといいます。「元従業員が会社を訴えるのは、不当に扱われたと感じるからであって、PIPを受けさせてもらえなかったからではない」のです。自分の業績や適性についてありのままのことを教えてもらえれば、従業員は納得のうえで会社を辞め、ネットフリックスの看板を最大限に利用して次のキャリアに移っていくのです。

一生を通じて学びたい、たえず新しいスキルを身につけ新しい経験をしたいと思うなら、同じ会社に居続ける必要はありません。実際、特定の仕事をするために採用され、仕事がすんだら解雇ということもあるでしょう。たとえばガレージの改装を人に頼むとき、改装がすんだら家の改築も任せようとは思わないでしょう。

このようにいうマッコード自身、ネットフリックスではもはや自分が貢献できることはないと気づいて、14年間を過ごした会社に別れを告げました。現在はフリーエージェントの人事コンサルタントとして、「企業文化やリーダーシップについて複数の企業や起業家へのコンサルテーションをしながら、世界中で講演活動を行っている」とのことです。

最高の人材を集めて競争させる

ネットフリックスが特殊なケースではないことを示すために、次はグーグルの働き方を見てみましょう。こちらは人事担当上級副社長のラズロ・ボックが、独特な採用・人事制度をこの会社らしく大胆に公開しています。[7]
グーグルでは、社員のことを「グーグラー（Googler）」と呼びます。彼ら／彼女たちは、日本のように新卒一括採用で入社し、年功序列と終身雇用で会社に滅私奉公するサラリーマンではなく、「グーグルというプロジェクト」に参加したスペシャリストです。
グーグルのミッションが、「世界中の情報を整理し、世界中の人々がアクセスできて使えるようにする」ことだというのはよく知られています。人事担当責任者としてボックに課せられた仕事は、このミッションを実現するために世界中から最高の人材を集めて競争させ、イノベーションによって世界を変えていくことです。
グーグルが「もっとも働きたい会社」ランキング上位の常連になっているのは、給料が高かったり、全社員に株式が与えられたり、福利厚生が充実していたり、美味しい社員食堂があったり、会社のなかをジャグリングしながら一輪車で走り回ったりできるからだけではありません。グーグラーになれば、自分が「世界を変えている」という実感を持つことができます。この「内発的動機づけ」こそが、グーグルの魅力の核心です。

ところで、「世界を変える」人材とはどういうひとたちでしょうか。それは「創業者」だと、ボックはいいます。決められた仕事を日々黙々とこなすような人材も組織には必要でしょうが、それは「バックオフィス」という別のカテゴリーに入っています。グーグルがスペシャリスト（専門職）に求めるのは、ビジネスに革新をもたらし、組織に新しい文化をつくり、ひとびとに夢と希望と驚きを与えられるような成果をあげることなのです。

こうした「最高の人材」を、グーグルはどのように採用しているのでしょうか。

ボックは、グーグルの採用戦略は試行錯誤の繰り返しで、おまけに失敗の連続だったと率直に告白していますが、それでもなお採用こそが人事のもっとも重要な仕事だといいます。それは、次のような単純な比較をしてみればすぐにわかります。

A　上位10%以内の人材を雇う。彼らはすぐに素晴らしい仕事をはじめる
B　平均的な人材を雇ってトレーニングする。彼らはやがて、上位10%の人材と同じ成果をあげるようになる

こう考えれば、合理的な会社が採用に資源を投入すべきなのは明らかです。とはいえ、実際にやってみるとこれは簡単ではありませんでした。

自分より優秀なひとだけを雇う

創業直後のグーグルはエリート主義の権化で、スタンフォード、ハーバード、MITといった一流大学で博士号を持つ人材だけを集めていました。ところが社員のパフォーマンスを分析してみると（この会社はあらゆるものを数値化し、ビッグデータにして統計解析するのです）、アイビーリーグの平均的な卒業生より州立大学をトップで卒業した学生の方が優秀なことがわかりました。

同様に、SAT（大学進学適性試験）や大学の学業成績もまったく役に立ちま

せんでした。卒業して2～3年たつと、学校の成績から仕事の成績を予測することはできなくなるのです。一時期流行した「ボーイング747にはゴルフボールがいくつ積めるでしょうか？」とか、「私があなたを5セント硬貨の大きさに縮め、ミキサーのなかに入れてしまったら、どうやって脱出しますか？」などの珍問奇問も、面接者を賢くなった気にさせたり、自己満足を感じさせる効果はあっても、採用候補者の評価にはなんの関係もありませんでした（当然、いまはすべてやめています）。

ボックによれば、現在のグーグルの採用戦略は次のようなものです。

まずは会社の魅力を高めるとともに、社員の人間関係やシリコンバレーの人材データベース、自社の人材募集サイト（グーグルキャリア）などを通じて応募者の母数を増やします。エンジニアの人材データベースでは、得意の統計解析を活用してグーグルに合った人材をビッグデータから抽出し、採用試験を受けるよう勧誘することもやっています。

かつてのグーグルでは、採用プロセスの長期化が大きな問題でした。求職から採用が決まるまで6カ月以上かかり面接の回数が15回から25回にも達するのは、採用候補者にとって苦行以外のなにものでもなく、面接をする社員も貴重な時間を奪われてしまいます。そこで採用プロセスを見直したところ、面接回数を増やしてもパフォーマンスが向上しないことがわかり、原則4回に減らすことにしました。

さらに、面接者がどのように候補者を評価しているか調べると、最初の10秒で得た第一印象を確認するためだけに質問していることがわかりました（この無意識の自己正当化は「確証バイアス」と呼ばれ、心理学の実験で繰り返し証明されています）。これでは面接の99・4％の時間がムダになるため、面接者にはあらかじめ標準的な質問項目を渡しておき、グーグルで成功する適性（一般認識能力、リーダーシップ、「グーグル的であること」、職務関連知識）を持っているかどうかを評価させることにしました。

マネージャー（管理職）を採用するときは、指揮するはずの部署のスタッフ（将来の部下）が面接します。それと同時に、その部門とはまったく関係のないグループも面接して、すべての評価（フィードバック）がデータ化されて採用委員会に送られます。週1回の採用会議では、面接者それぞれの評価だけでなく、全員のフィードバックを平均化した資料も提供されますが、これも統計解析の結果、一人の評価が「集合知」を上回ることがほとんどないとわかったからだといいます。

グーグル式採用術のもっとも重要な原則は、「自分より優秀なひとだけを雇う」ことです。最高の人材を求めている以上、候補者の能力が自分より劣っているようでは意味がないのです。

人材は自分の能力をもっとも活かせるところに移動していく

「最高の人材」を採用しても、人事の仕事が終わるわけではありません。グーグルにおいても、もっとも悩ましいのは業績評価です。

プログラマー（ハッカー）文化から出発したシリコンバレーの会社には、官僚主義とともに業績管理への強い抵抗があります。画像処理ソフト大手のアドビシステムズ（現アドビ）は2012年に業績評価を廃止し、「継続的なリアルタイムのフィードバックによる形式張らないシステム」を導入しましたが、ボックスはこうした試みには懐疑的です。グーグルも初期の頃に、創業者であるラリー・ペイジの発案でマネージャー職を廃止したことがあったものの、まったくうまくいかなかったからです。

グーグルでも業績評価への不満は大きく、人事チームは多大の時間をかけて「最適な評価システム」をつくろうと努力しましたが、その結果わかったことは、「全員を満足させることは不可能」だということでした。だがそれと同時に、評価にあたって重要なことも判明しました。それが「公正」さです。

グーグルは評価の公正さを確保するために、採用と同様に複数の評価者によるフィードバックを導入しています。

まず、直属の上司がOKR（目標と主要な結果＝コミットメント）に基づいて部下の達成度を評価したのち、マネージャーのグループが集まってその評価が公正かどうかを検討します（これを「キャリブレーション＝評価の適切な調整」と呼びます）。上司だけでなく同僚からもフィードバックされることで、上司にゴマをすって昇進しようとする戦略（こういうタイプはグーグルにもいるのです）は効果を失います。こうしたフィードバックもすべてデータ化され、集合知にされることはいうまでもありません。

グーグルの特徴は、昇進を決めるのが部門のトップではなく、採用と同じく委員会だということです。昇進には自薦も認められていて、上司が推選する候補者と公平に評価されます（自薦が認められることも多いそうです）。

この方式はグーグルに新しく加わるマネージャーにはきわめて評判が悪いのですが、それは、以前の会社で昇進枠を利用して部下をコントロールしていたからです。グーグルでは、上司と部下の個人的な関係で人事を動かすことはできない仕組みになっています。

こうした評価の目的は、最高の社員（トップテール）を的確に発見し、成果にふさわしい処遇をすることです。シリコンバレーでは「一流のエンジニアは平均的なエンジニアの300倍の価値がある（ビル・ゲイツによれば1万倍の価値がある）」とされており、彼らに報酬を出ししぶればたちまち他社に引き抜かれてしまいます。「報酬は不公平に」が人事の原則で、ストックオプションと合わせて100万ドル（約1億1000万円）以上の報酬を受け取るエンジニアも珍しくありません。

パフォーマンスが期待を下回ってもただちに解雇されるわけではありませんが、これは温情ではなく、新規に社員を採用することを考えれば、いまいる社員をトレーニングした方がコストパフォーマンスが高いという統計データがあるからです（採用の際と話が逆なのは、この場合は、すでに社員がいることが前提になっているからです）。

とりわけちからを入れているのが入社直後のトレーニングですが、これは外部の研修を利用するのではなく、先輩のグーグラーがボランティアで教えています。世界最高の知性が社内にたくさんいるのに教育をアウトソースするのは非効率的だし、社内の一体感を高めることもできるからです（それにもちろん、新人のなかで誰が優秀かを見つけ出すことができます）。

それ以外でもグーグルでは、社員同士によるさまざまなコミュニティづくりを後押ししています。2000を超えるメーリングリストやグループ、クラブがあり、ゲイパレードに参加したり、低所得世帯を本社キャンパスに招待したり、さまざまなボランティア活動も行なっています。――2018年11月には、セクハラ問題で退職した幹部に9000万ドル（約100億円）もの退職金を払ったことが発覚し、それに抗議して世界各地の従業員が大規模なストを行ないました。

こうしたことはすべて、「最高の人材」を「最高の環境」で「自由」に働かせ、その能力を限界まで発揮させて、ラリー・ペイジのいう「ムーンショット（困難だが壮大な挑戦）」を現実のものにするためだとボックはいいます。グーグルの組織は、すべてこのミッションのために「科学的」に設計されているのです。

ひとはパンのためだけに生きているわけではなく、人材は自分の能力をもっとも活かせるところに移動していきます。日本企業はこれから、ネットフリックスやグーグルのような「別世界」の会社とグローバル市場で競争することになるのです。

ギグエコノミーは人材のジャスト・イン・タイム

日本では会社は「（非正規を排除した）正社員の運命共同体」ですが、グローバル企業はプロスポーツチームのようなスペシャリスト集団（ドリームチーム）

に変わりつつあります。しかし、働き方の変化はこれだけではありません。シリコンバレーを中心に、アメリカでは急速に「組織に所属しない働き方」が広がっています。

クリントン政権でアル・ゴア副大統領の首席スピーチライターを務めたのち文筆業に転じたダニエル・ピンクは『ハイ・コンセプト』『モチベーション3・0』などのベストセラーで知られますが、早くも2000年にこの働き方の変化を取り上げました〔8〕。

ピンクの試算では、2000年時点で、アメリカには1650万人のフリーランス、350万人の臨時社員、1300万人のミニ企業家（マイクロ法人）がおり、この3300万人に加えて、フリーエージェント予備軍として在宅勤務で働く社員が1000万人以上いました。

それから20年を経て、いまではこうした働き方は「ギグ（Gig）」と呼ばれています。これはもともとジャズミュージシャンなどがライブハウスで気の合った仲間と演奏することで、そこから「短期の仕事」の意味が派生したようです。

「フリーエージェント」や「インディペンデントワーカー」をわざわざギグと呼

ぶのは、「自由に好きなことをする」という価値観を加えたいからでしょう。「いまなんの仕事してるの?」と訊かれて、「1年の契約でA社で働いている」というよりも、「A社と1年のギグをしている」と答えた方がクールなのです。

「デジタル時代の働き方」を専門とするマリオン・マクガバンによると、アメリカにはインディペンデントワーカーについての公式な統計はないものの、さまざまな機関の推計では労働人口の16%から29%がギグエコノミーにかかわっています。アメリカの労働人口は1億6000万人ですから、(最大で)5000万人ちかいひとびとが会社に所属せずに働いているのです[9]。

フリーエージェント化=ギグ化が進むのは、会社側と労働者側それぞれに理由があります。

雇用主(会社)の事情としては、第一にコスト(人件費)削減です。アメリカは公的年金や国民医療保険の制度がない代わりに、会社が従業員に年金・保険を提供しなければなりません。有給休暇、医療保険、退職年金などを加えると雇用主側の負担は人件費の32~37%を占めるとされ、フリーランスに仕事を発注すればこうした福利厚生が不要なので、社員の20%増しの報酬をギグワーカーに支払ったとしても会社としてはじゅうぶん元がとれるのです。

もうひとつは、ビジネス環境が急速に変化するなかで、素早く人材を補充しなくてはならなくなったことです。新しい部署に合わせて社員を再教育するより、その仕事に適した人材を労働市場から調達した方がかんたんだし、その仕事もいつまで続くかわからないので、そのたびにいちいち退職手続きをとるよりも最初から契約期間を決めておいた方が都合がいいのです。ジャスト・イン・タイム（カンバン方式）は日本から生まれたグローバルスタンダードで、生産工程においてすべての部品を適時適量に調達して生産性を最大化することを目指しますが、ギグエコノミーではビジネスに必要な人材をジャスト・イン・タイムで採用するのです。

それに対して、労働者はなぜギグ化するのでしょうか？

インディペンデントワーカーへの調査によると、47％が「元の雇用主に自分の価値をわかってもらえなかったこと」が独立に踏み切る要因になったと答えています。アメリカでも日本と同様、会社（人事）への不満は大きく、「自分の運命を自分でコントロールできる」という独立の動機は日本のサラリーマンにもよく理解できるでしょう。

アメリカでは、ギグエコノミーはあらゆる年齢層に広がっていますが、中心にいるのは1980年代と90年代に生まれたミレニアム世代で、約40％を占めています。現在20代から30代のミレニアム世代の特徴は仕事よりも生活を楽しもうとする傾向が強いことで、金融危機（リーマンショック）のさなかに成人したこともあって会社（長期雇用）を信用せず、90％が「ひとつの職場に3年以上とどまるつもりはない」と考えています。

X世代（1965年代から80年までの、ベトナム戦争とヒッピー・ムーヴメントの時代に生まれた世代で、個人主義と内向性を特徴する「ミー・ジェネレーション」ともいわれる）や、第二次世界大戦後に生まれたベビーブーマーのなかでもギグエコノミーは広まっています。シニア世代や高齢者世代は二極化していて、経済的に恵まれていて自分の専門性を活かして社会貢献したいひともいれば、働かないと暮らしていけないケースもあるようです。

しかしそれでも、90％以上が自由度や柔軟性を重んじてインディペンデントワーカーをキャリアとして選択し、80％が「独立して働く生活で幸福感が高まった」、75%が「フリーランスで働く生活は健康にもよい」と答えています。

労働やスキルをシェアする社会

シェアリングエコノミーは、民泊のエアビーアンドビー（Airbnb）のように、インターネット上のプラットフォームを通して使っていない資産（場所、乗り物、空きスペースなど）を個人間でシェアすることです。ギグエコノミーはその一種で、労働やスキルをシェアします。ライドシェアサービス、ウーバー（Uber）のドライバーがその典型で、タクシー会社に所属せずに、空いた時間に自分の車と（ドライバーとしての）スキルをシェアして収入を得ることを可能にしました。このようにギグエコノミーの背景には、サービスを提供したい側と、サービスを受けたい側をマッチングさせるテクノロジーの登場があります。

マクガバンによれば、ギグは短期のアルバイト仕事だけでなく、スペシャリストのあいだでも急速に広がっています。専門職を短期で雇いたい会社と、独立して短期の仕事をしたいスペシャリストをマッチングさせるプラットフォームがさまざまなベンチャー企業によって提供されるようになったからで、複数の人材プラットフォームに登録しておくと、いろいろなところから仕事のオファーがきます。アメリカでも独立への最大の不安は仕事がなくなる（食えなくなる）ことで、どんな仕事であれとりあえずやっていけると思えれば、ストレスの多い会社勤めを続ける理由はないのでしょう。

人材斡旋会社の調査では、フルタイムで働くインディペンデントワーカーのほぼ半数が、会社員時代よりも収入が増えたと答えています。専門人材のマーケットには3980万人が参加しており、年収10万ドル（約1100万円）以上は290万人で、その平均年収は19万2000ドル（約2100万円）です。フリーになったからといって収入が減るわけではなく、高所得グループの人数は年7・7％のペースで増えているといいます。

クライアントとインディペンデントワーカーは、会社と社員のような主従の関係ではなく、「プロセスの完遂によって双方に明示的な利得が生まれる対等な者同士の関係」とされます。これはうまくいけばたしかに素晴らしいのですが、常によい出会いがあるとはかぎりません。

インディペンデントワーカーへの調査では、仕事のなかでもっとも気が進まないのは経理と報酬の回収、マーケティング、売り込みだそうです。そこでアメリカでは、こうした分野を支援するベンチャーが続々と誕生しています。

もちろん、人材プラットフォームに登録しておけば自動的にいい仕事が紹介されるわけではなく、一定の資格や評価がないと登録すらできないこともあります。

ビジネスで使われるのはフェイスブックよりビジネス特化型SNSのリンクトイン（LinkedIn）で、そのプロフィール（学歴・資格・職歴）や友だちのネットワークはかならずチェックされ、ツイッター（Twitter）での発言やフォロワー数も重要になります。独立すれば会社の看板で営業することができないのですから、よいクライアントと出会うためには「評判経済」のなかで自分のブランドを確立しなければなりません。

「自分ブランド」が重視されるようになると、当然のことながら、SNSのプロフィールをごまかせばいいと考える人間が出てきますが、これはうまくいきません。「EOR（エンプロイヤー・オブ・レコード＝雇用主調査）会社」がコンプライアンスの評価や犯罪歴がないことの確認、ブラックリストなどのチェック、薬物検査、信用調査などを代行しているからです。

ギグエコノミーでは自分の評判＝ブランドがすべてなので、20代の頃から、あるいは高校生や大学生の頃から、SNSでの評判を自覚的につくっていかなくてはなりません。フェイスブックやツイッターでの不用意な発言や写真はいつまでも記録され、思いもかけないときに評判を傷つけるかもしれないのです。

このようにギグエコノミーには光と影がありますが、もはやこの潮流を押しとどめることはできません。それは、会社はもう社員を雇いたいと思っていないし、労働者も会社に束縛されたくないと思っているからです。両者の利害が一致して「ギグ化」が進んでいくのです。

こうした状況に合わせて、2016年11月にニューヨーク市議会は「フリーランス保護法」を成立させ、報酬の不払いを繰り返した発注者に最高2万5000ドルの罰金が科せられることになりました。また保険会社は、インディペンデントワーカーがクライアントから損害賠償を請求されるリスクに備える専門職業賠償責任保険（E&O保険）を発売しました。

その一方で2016年10月、イギリスの雇用審判所（裁判所）は、ウーバーのドライバーは従業員と見なすべきで、有給休暇や年金を受ける資格があると認定しました。この判決は一見、労働者の権利を守っているようですが、こうしたルールを課せばウーバーは収入から保険料を差し引くようになり、それに納得しないドライバーも出てくるでしょう。従来の労働者保護規制ではシェアリングエコノミーに対応できないのです。

テッキーが夢見るテクノロジーの楽園

ギグエコノミーへの評価は分かれており、「体《てい》のいい低賃金労働者を増やすだけ」との根強い批判もあります。当初は自由な働き方に大喜びしたウーバードライバーが、自己負担のガソリン代、車の維持・修理代、保険料、ウーバーへの手数料を差し引くと手元になにも残らないことに気づき、待遇改善を求めて抗議したら契約を解除されたなどのトラブルが報じられています。[10]

しかしその一方で、ギグエコノミーへの期待や礼賛の背後には、サイバーリバタリアン（テクノロジーリバタリアン）の理想主義があることを押さえておく必要があります。シリコンバレーで〝テッキー〟とも呼ばれるこのひとたちは究極の「リベラル」で、自由で自立した個人が自らの意思と自己責任で共同作業（コラボレーション）を行なう社会を理想とし、労働者を会社に所属させて「支配」したり、管理職がクリエイターを「管理」したり、仲介業者が多額の取引手数料を中抜きして「搾取」することをことのほか嫌います。そして、テクノロジーの驚異的なパワーを使えば、管理職や仲介業者だけでなく会社すらもこの世界から「駆逐」できると考えるのです。

テッキーにとって、ウーバーやエアビーアンドビーはそもそも「シェアリングエコノミー」ではありません。なぜなら、会社が運転手や空き部屋、顧客の情報を独占しているから。

究極のシェアリングエコノミーでは、ブロックチェーンを使った書き換え不能の契約（スマートコントラクト）でアプリが開発され、ウーバーのような仲介業者を介さずにドライバーと顧客が直接つながることができます。ドライバーや顧客の評価も可視化されており、価格と相手の評価を見てオファーを受けるかどうかを「自己責任」で決めるようになります。仲介業者を排除しているため、顧客はより安い料金でタクシーを利用でき、ドライバーの報酬はより多くなります。

こうしたスマートコントラクトの仕組みを企業活動に使うのが、オープンネットワーク企業（ONE）です。そこでは在庫管理や生産管理がブロックチェーン上で行なわれ、足りない部品があれば世界中からサプライヤーを検索して値段と納期を比較し、契約から支払いまで自動化できます。配送状況もピンポイントで確認でき、仕事が遅い業者は低い評価がついて候補から自動的に外されていくでしょう。こうして会社の内側と外側の区別はあいまいになり、オープンなネットワークが生産性を大幅に向上させ、より少ない労力で大きな価値を創造できるようになると期待されています。

自律エージェントは、こうした一連の作業を人間の手を介さずに行なうロボットで、企業活動を自動化するだけでなく、自動運転車で街を周回し、乗客を目的地まで送り届けて適切な支払いを受ける「無人タクシー」のサービスがすでに始まっています。

自律エージェントがさらに進化したのが自律分散型企業（DAE）で、ミッシヨンステートメントと一連のルールのもとで互いに協力しながら仕事をするロボットの共同体です。ここまでくるとSFの世界に近づくでしょうが、スマートコントラクトによって外部と取引するコストがどんどん安くなれば、大きな会社を維持することが割に合わなくなることはまちがいありません。テッキーが夢見るテクノロジーの楽園では、会社は最小限まで縮小し、最後はソフトウェアと資本だけが残るのです。[11]——ほんとうに会社がなくなるのかについては「3　会社や管理職はなくなるのか？」であらためて検討します。

このように私たちは、いやおうなく「未来世界」に向かって突き進んでいます。そこでは働き方はもちろん、生き方（人生設計）そのものが根本的に変わってしまいます。

このとてつもない衝撃（スーパーノバ）を前にして、日本人の働き方がどうなっているのか、それを次に見てみましょう。

2

前近代的な身分制社会・日本

２０１６年、安倍政権は女性活躍推進、同一労働同一賃金を含む「働き方改革」を全面的に打ち出しました。しかし、これはきわめて奇妙な話です。「日本を、取り戻す。」を掲げて２０１２年の総選挙に大勝し政権を取り戻した安倍元首相は「真正保守」を自認しており、男が外で働いて女は家事・育児に専念する「伝統的な家族観」（これは実際には日本の伝統でもなんでもないのですが）の持ち主であることはよく知られています。しかし皮肉なことに、そのきわめて保守的な政権が、日本の戦後史のなかでもっともリベラルな労働・経済政策を打ち出したのです。

とはいえ、ここで私は「安倍政権はじつはリベラルだった」といいたいわけではありません。入管法を改正して外国人労働者を増やそうとするのも同じですが、政権が保守であろうがリベラルであろうが、高齢化が急速に進み人口が減少する日本社会では、女性と高齢者に「一億総活躍」してもらい、それでも足りない分を外国人労働者で補う以外に政策の選択肢はないのです。

しかしいま起きている変化は、たんに人手不足だけが理由ではありません。それは、グローバル世界が巨大な「リベラル化」の潮流のなかにあるからです。

世界も日本も「リベラル」になっている

「世界はリベラル化している」と聞いて、違和感を覚えるひとは多いでしょう。

2016年、アメリカでは、ラストベルト（中西部などの「錆びついた地域」）に吹きだまるプアホワイトの熱烈な支持を受けて大統領に就任したドナルド・トランプが、TPP（環太平洋パートナーシップ）協定から離脱し、中東やアフリカからの入国を禁止する大統領令を発し、中米からの移民キャラバンを阻止するためにメキシコとの国境に軍隊を派遣するなど、「アメリカ・ファースト」の排外主義的な姿勢を前面に押し出しました。

一方ヨーロッパでは、難民問題が各国を揺るがしています。イギリスでは「反移民」を求める勢力によって国民投票でEUからの離脱が選択され、オーストリアやチェコ、ハンガリー、イタリアなどでも排外主義的な政策を掲げる政権が次々と誕生しました。日本でもあいかわらず、ネットを中心に嫌韓・反中のヘイトが跋扈《ばっこ》していることはいうまでもありません。

このような状況を見ると、世界や日本で進んでいるのは「右傾化」だと誰もが思うでしょう。

しかしこれがほんとうだとすると、「#MeToo」運動（SNSで性的虐待やセクハラによる被害を告発しようという世界的なムーブメント）が世の中を動かしたことをどう説明できるのでしょうか。かつての日本の職場では、上司が女子社員のお尻に触るくらいはごくふつうで、大学生の性的暴行に対して「集団レイプする人は、まだ元気があるからいい。まだ正常に近いんじゃないか」と発言した政治家もいました。20年前はもちろん10年前ですら、セクハラが犯罪だなんて誰も思っていなかったし、医科大学が女子の合格者を抑えるために得点調整していたなどということは当たり前すぎて話題にもならなかったでしょう。

2018年、自民党に所属する保守派の女性議員が雑誌への寄稿で、LGBT（レズビアン、ゲイ、バイセクシャル、トランスジェンダー）に対し、「彼ら彼女らは子供を作らない、つまり「生産性」がないのです」と書き、その後の特集で同性愛（自由恋愛）と痴漢（犯罪）を同一視するかのような記事を掲載したことで雑誌は即休刊になりましたが、保守派の論壇から擁護する声はまったく上がりませんでした。これもかつてなら、リベラルな知識人がかたちだけの抗議をして、たちまち忘れられる類《たぐい》の話だったでしょう。

こうした事例からわかるように、日本人の価値観も先進国から半周（あるいは1周）遅れで確実にリベラル化しており、それが中国やインド、アフリカ、中東にも広がっています。原理主義的なイスラーム国家であるサウジアラビアですら、女性が車を運転できるようになりました。

グローバル化によって世界中を移動するひとが増え、SNSでの情報発信が可能になると、人種や性別、出自や障がいの有無など、個人の努力ではどうしようもないものを理由に他人を差別することはものすごく嫌われるようになりました。イタリアの高級ブランド、ドルチェ&ガッバーナが中国の文化を差別するかのような広告動画をアップして大炎上したという事件も起きました。

こうしたリベラル化の結果、アメリカの「白人至上主義者」ですら、いまでは「自分たちは人種主義（レイシズム）に反対だ」というようになりました。中産階級から脱落しかけている白人労働者の自己像は、東部や西海岸の白人エリートからバカにされ、アファーマティブアクション（積極的差別是正措置）によって

黒人などから「抜け駆け」されている〝被害者〟なのです。【12】

ヨーロッパでも同じで、排外主義の政党・政治家に票を投じる白人は、押し寄せる移民によって自分たちの仕事や権利が奪われてしまうと怯《おび》えています。「右傾化・排外主義、反知性主義」と見える現象は、世界各地で進行する「リベラル化・グローバル化、知識社会化」への反動（バックラッシュ）なのです。

「ネオリベ型福祉国家」の真実

欧米など先進諸国のリベラルな価値観は、「生まれてくることは選べないとしても、ものごころついてからは、自分で人生を選択し、もって生まれた能力を最大限活かせるような社会にすべきだ」というものです。なぜ差別が嫌われるかというと、人種や性別、国籍などの不合理な理由によって人生の可能性を奪うからです。

この価値観はきわめて強力で、いまでは保守派ですら文化や伝統を盾に反論することはできなくなりました。いったん「差別主義者」のレッテルを貼られれば、社会から抹消（キャンセル）されてしまうのです。

日本では「自己責任論」が極端に嫌われていますが、北欧などの社会制度はいまでは「ネオリベ型福祉国家」と呼ばれており、自己責任が当然とされています。しかしこれは考えてみれば当たり前で、社会が完全にリベラルになれば、あらゆる差別はなくなるのですから、成功や失敗は「自己責任」で決まるほかなくなります。社会がリベラルになればなるほど、個人の「責任」が問われるようになるのです。

オランダはマリファナや売買春が非犯罪化されていて、不治の病でなくても「人生に絶望した」という理由で安楽死することが認められています。「雇用制度も世界でいちばん進んでいるといわれており、同一労働同一賃金が徹底され、正社員と非正規、パートタイムのちがいもありません。すべての労働者は働き方にかかわらず同一の扱いで、ただ勤務時間がちがうだけなのです。

オランダでは1996年の「労働時間差別禁止法」で労働時間のちがいにもとづく労働者間の差別が禁止され（パートタイム労働者が「短時間正社員」になった）、2000年の「労働時間調整法」では、労働者に労働時間の短縮・延長を求める権利が認められました（経営者は正当な理由なく労働時間の変更申請を拒否できない）。さらに２００１年の「労働とケアに関する法律」では、出産・育児休暇や介護休暇の制度が大幅に拡充され、産婦ばかりでなくパートナーにも出産時休暇が認められ、賃金の１００％が給付されます。

このようにして、どのように働くかを労働者自身が決めることができる社会が実現しました。子どもが生まれると仕事をフルタイムからパートタイムに変え、子育てが一段落してまたフルタイムに戻るとか、資格を取得するためにいったん退職し、学校を卒業して復職するなどがごくふつうに行なわれています。

このように世界でもっとも自由な働き方を実現したオランダですが、２００４年に施行された「雇用・生活保護法」では、18歳以上65歳未満の生活保護受給者は原則として全員が就労義務を課せられ、「切迫した事情」を立証できないかぎりこの義務が免除されなくなりました。生活保護の受給者は、職業紹介所から斡旋された仕事が「一般的に受け入れられている労働」であるかぎり、これを拒むことができないのです（オランダでは売春が合法化されていますが、これは〝一般的に受け入れられている〟仕事ではないので強制されることはありません）[13]。

これはまさに「働かざる者食うべからず」で、「労働の義務化」あるいは「強制労働」と感じるひともいるでしょう。オランダは「福祉国家」と思われていますが、日本の生活保護や失業保険の給付基準と比べて、受給者に対してはるかにきびしい態度をとっているのです。

人種主義の「リベラル」への反転

リベラルな国での「自己責任」がオランダの特殊事例でないことを、デンマークでも見てみましょう。

デンマークはかつては失業保険の最長給付期間が7年で「世界でもっとも恵まれている」といわれましたが、さすがにこれはモラルハザードが問題になって、2010年に最長2年に短縮されました。それでも前職の給与の90％（金額制限あり）が保証されるのですから、日本よりはるかに恵まれています。

しかしその条件として、失業したその日からジョブセンターに求職者として登録し、すぐにでも職に就けるようにしておかなければなりません。失業というのはあくまでも、また働きはじめるための待機期間で、失業者を「再労働化」するためのさまざまな活性化プログラム（職業訓練）が実施されています。

近年はとくに30歳未満の者に対する教育訓練がきびしくなっており、2008年9月からは失業手当を受給しはじめて3カ月後には活性化プログラムへの参加が義務づけられ、それに加えてジョブセンターが斡旋する同一の職に6カ月間従事することが給付の要件とされるようになりました。とはいえ、若い失業者を臨時で長期間受け入れるのは自治体の保育施設などしかなく、嫌気がさした若者がうつ病などの診断書を取得して障害年金に流れるようになったといわれています。

2008年4月には、失業期間中に週4件の求職活動をしなければ失業手当を停止するというさらにきびしいルールも課せられました。これはさすがに非現実的として社会問題になり、怒った失業者は、この決定を下した雇用省の大臣ポストにこぞって応募し、6カ月間に220通もの応募書類が届けられました。あまりの不評に、このルールは実施からたった10カ月で廃止されてしまいました。

デンマークでは、「就労にも就労に向けたコースへの参加にも適さない（労働市場にマッチしない)」と判定された者は生活保護の対象となりますが、生活保護の受給資格があるのはデンマーク国籍のほか、欧州経済領域（EU27カ国とノルウェー、リヒテンシュタイン、アイスランド）の国籍を持つ者、およびこれらの者と家族関係を持つ者で、家族が滞在許可を得るためには銀行への預託金（約100万円）が必要とされ、この口座は永住権が得られるまで通常7年間凍結されます。これは生活保護受給を目的とした移民や偽装結婚を防ぐための措置で、凍結期間に生活保護を受給すると自治体がこの口座から差し引くことになっています。

また2007年4月からは「300時間ルール」が発効し、夫婦2人が生活保護を受給している場合、今後は2人とも最低過去2年間に300時間働いていないと、1人分の生活保護給付を失うことになりました。週37時間フルタイムで働けば8週間ほどで達成できる計算ですが、これまでの就労要件が150時間だったことを考えるとかなりの締め付けです。

その後の調査では、「300時間ルール」の導入によって生活保護の権利を失った者の92%がデンマーク以外の民族的背景を持つ「非西洋諸国からやってきた外国人」であることが明らかになりました。それにもかかわらず（あるいはそれだからこそ）「300時間ルール」は成功と見なされて、2011年7月以降はよりきびしい「400時間」ルールに移行しました。[14]

ここからわかるのは、ヨーロッパの移民排斥の動きがたんなる人種・宗教への偏見ではないことです。「移民としてやって来て、なんの社会貢献もしていないのに、社会保障制度によって給付だけもらえるのはおかしい」「国家と市民はギブアンドテイクが原則なのに、なにひとつギブしないでテイクだけというなら、市民社会から出て行ってもらうしかない」という排外主義のロジックは、人種主義を「リベラル」へと反転させたことで、移民問題をよりやっかいにしています。

成果主義は「反差別運動」から生まれた

1950年代、アメリカで爆発的な人気を博したラジオ・テレビドラマに『パパは何でも知っている』がありました。中流家庭であるアンダーソン一家のパパは保険会社の営業マン、ママは専業主婦という設定でした。

サラリーマンとして大きな会社に就職したら、定年まで勤めてよい給料をもらい専業主婦と子どもたちを養う。豪華な家に住んで、電化製品に囲まれ、庭には可愛いコリー犬が走っている——。

戦勝国で占領軍でもあったアメリカのとてつもないゆたかさに、敗戦国で貧しい日本人は大きな衝撃を受けました。戦前までの日本には「日本的雇用慣行」などありませんでしたが、「アメリカ」への憧れと盲信によって、年功序列・終身雇用という「最先端の働き方」を取り入れれば誰もがゆたかになれると政治家、経営者、労働組合は信じ込みました。

専業主婦が家事・育児をこなし、男はエコノミックアニマルとして会社に滅私奉公するというこの仕組みは、日本のイエ社会に見事に合致したこともあって戦後の経済成長の原動力になりました。その一方で、日本企業の台頭によって1970年代からアメリカの製造業は不振に陥っていきます。その結果アメリカでは、夫の給料だけではこれまでのゆたかな生活を維持できなくなり、急速に共働き社会へと移行していったのです。

共働きと並んで、アメリカの「働き方改革」に大きく影響したのが差別との戦いです。

南北戦争後、黒人奴隷は「解放」されたことになっていましたが、根強い人種差別は続きました。第二次世界大戦で黒人兵や黒人部隊が国のために勇敢に戦うと、「なぜ自分たち黒人を対等に扱わないのか」との抗議を無視することができなくなり、反差別運動が激しさを増していきます。こうして1964年に公民権法が成立して人種差別は違法とされ、これまでの慣習や人事制度では差別訴訟のリスクが避けられなくなりました。

アメリカの司法では懲罰的損害賠償が認められており、「人種や性別で差別された」と訴えられて裁判に負ければ、時に数百億円に及ぶ巨額の賠償金を支払わなければなりません。アメリカの会社は、人種や性別、年齢、宗教、性的指向などによって従業員を差別しない「リベラル」な制度をなんとしてもつくらなければならなくなったのです。

しかし企業活動である以上、どこかで従業員を評価しなければなりません。いっさいの差別をせずに評価しようとすれば、残された基準は学歴・資格と経験

（実績）だけになります。これがアメリカ型成果主義の本質です。

日本では保守派もリベラルも成果主義を蛇蝎《だかつ》のごとく嫌い、「金儲けだけしか考えない拝金主義」「日本的雇用を破壊するグローバリストの陰謀」などといって大騒ぎしたわけですが、これはまったくの誤解というか、言いがかりです。訴訟大国のアメリカにおいて、どのような立場の従業員から訴えられても裁判に耐えられるような公正な人事制度を追求した結果、純粋な成果主義がごく自然にできあがったのです。なぜなら、成果以外の「不純」な評価基準はすべて差別だから。

成果主義の雇用制度がグローバルスタンダードになるのも、「アメリカの世界支配戦略」とはなんの関係もありません。どの国の会社であれ、事業が多様化・グローバル化するにつれて、属性や利害の異なるさまざまな従業員を抱えることになります。そのとき差別だと訴えられないようにするには、アメリカが公民権法以来、半世紀の試行錯誤の末につくりあげてきたやり方しかないのです。

だとしたら、成果主義を頑強に否定する「日本的雇用」とはいったいなんなのか？　それが問題になります。

日本人なのに「日本人」でないひとたち

日本人は戸籍があることを当然だと思っていますが、現在では世界中で日本にしか存在しないきわめて特殊な制度です（かつては韓国も戸籍制度を採用していましたが、2007年に廃止されました）。

戸籍の本質をひと言で表わすなら、「市民社会を個人ではなくイエ単位で管理する制度」ということになります。

近代的な市民社会は自立した自由な市民（個人）によって構成されるはずですが、日本ではこれがイエになっています。その結果、日本では近代国家ではあり得ないような奇怪なことが起こります。その最たる例が「無戸籍者」です。

両親が日本人で、日本国内で生まれたにもかかわらず「日本人」として認められず、パスポートも持てないし社会保険制度にも加入できない。現在の戸籍制度の下では、「この世に存在しないはずの人間」が生まれてきてしまうのです。

無戸籍者の問題は、元衆議院議員の井戸まさえさんが取り上げたことでようやく注目されるようになりました。

井戸さんは3人の子どもを産んだあと、前夫と離婚、新しい夫と再婚して4人目の子どもを産んだのですが、この子がいわゆる「300日ルール」に抵触しました。民法772条には「離婚後300日以内に生まれた子は、前夫の子と推定する」と定められており、それに従うと4人目の子どもは前夫の籍に入ってしまいます。井戸さんは現夫を相手取って「認知調停」を起こすという裏技を使うことでこの問題を解決したのですが、判決が確定するまでの間、子どもは無戸籍の状態に置かれることになりました。（2022年、法制審議会が改正案を了承）

井戸さんがこの体験を元に「民法772条による無戸籍児家族の会」を立ち上げたところ、思いもかけない相談が次々と寄せられます。

母親が無戸籍で、自分に戸籍がないことを当然だと思って育ってきた男性。DVが原因で母子家庭になり、離婚できないまま別の男性との間に子どもをもうけ無戸籍のままになっているという女性。再婚したものの、長男だけ無戸籍なのはかわいそうだというので、戸籍を取れるきょうだい全員を無戸籍にしているという家庭……。無戸籍者問題は現代日本の矛盾の象徴です。[15]

私は井戸さんと直接お話したことがありますが、政治家も官僚も戸籍制度には触れたがらないのだそうです。

戸籍制度は日本の「伝統的家族」の根幹で、天皇制と直結し日本社会を支えている……そう主張する保守派からの圧力を怖れてリベラルを標榜する政治家も及び腰になってしまうし、法務省の官僚は「そんなことをやっても無駄だ」と平然と言い放つ。最終的に手を差しのべたのは自民党の保守派の重鎮で、「戸籍制度は守らなければいけない。だが、無戸籍というのはおかしいし、かわいそうだからなんとかしなければならない」として、無戸籍者が戸籍を回復できる救済策がつくられました。

近代国家の基盤は国民（市民）なのですから、日本以外の国で、「国民であるはずなのに国民とは見なさない」などということはあり得ません。そんな「無戸籍者」が、司法統計から推計して、すくなくとも1万人いるとされます。このことだけでも、日本が「先進国のふりをした前近代的な身分制社会」だということがよくわかります。

親なのに親でなくなる制度

戸籍制度の弊害はいたるところに顔を覗かせています。離婚のときに問題となる子どもの「親権」もそのひとつです。

日本では親権は父親か母親のいずれかが持つことになっていますが、こうした単独親権の国はいまでは少数派で、世界的には共同親権が主流になりつつあります。離婚しても親であることに変わりはないにもかかわらず、どちらかが親権を失う＝親でなくなるという制度はどう考えてもおかしいのです。

それなのになぜ日本は単独親権かというと、共同親権と戸籍制度が両立できないからでしょう。

離婚すると夫と妻は別の戸籍になります。子どもは複数の戸籍に入ることができないので、父か母どちらの戸籍に属するかを決めなければなりません。日本において、子どもは親のものではなく「イエ」のものなのです。

離婚が成立した場合、親権は母親が持つのが一般的で、父親の戸籍から子どもが抜けることになります。民法には養育費支払いの責務が明記されていますが、離婚母子家庭のうち実際に養育費を受給している世帯は全体の2割程度にすぎません。日本の男にとって、別れた妻との子どもは「自分の子ども」ではないから養育費を払おうと思わないし、法的な制裁もほとんどありません。「お金がない」といえばそれまでで、強制的に銀行口座を調べて資産を差し押さえることなどとうていできないのです。

父親側の親族が、「うちのイエの子どもでもないのに養育費なんて払う必要はない」と平然と言い放つことも珍しくありません。「戸籍から出てしまえば他人なんだから面倒を見る必要はない」という理屈が社会的にも容認されているのです。養育費を払わないことは違法であるばかりか、逮捕されて刑務所に放り込まれる国もあるなかで、こんな無責任を放置しているようではとうてい先進国とはいえません。

最近になって、日本でもようやく母子家庭の貧困問題に目が向けられるようになりました。

日本における2015年の母子家庭の相対的貧困率（国民の所得の中央値の半

分を下回る割合）は、先進国で最悪レベルの50・8％。　大きな理由のひとつは、別れた父親が子どもの養育費を払わないことです。

厚生労働省の「ひとり親家庭等の現状について」によると、1988年度から2012年度のあいだに、婚姻件数や出生数が大きく減少しているにもかかわらず、母子世帯数は55・4万世帯から82・1万世帯へ1・5倍になりました。日本の若い女性はいまでも専業主婦に憧れているようですが、彼女たちは離婚して母子家庭になったとたん社会の最貧困層に転落してしまうのです。

その一方で、親権を持つ側が子どもを囲い込んで、父親（元の配偶者）に会わせないようにするトラブルも頻発しています。このケースでは、「他人がうちのイエの子どもに会う権利なんかない。お金だけ払え」というわけです。外国人と結婚した日本人妻が子どもを日本に連れ去ることが国際問題になっていますが、この背景にも「親権は母親にあるのだから、父親になんの権利もない」という思い込みがあるのでしょう。

相続税対策などで祖父母が孫を養子にした場合はさらに奇妙なことになります。未成年の子どもが祖父母の戸籍に入ると親権も移動し、法律上は実父母に親権はなくなりますが、実務上は「実質的な親権」が実父と実母（戸籍上では兄姉）に残るとされています。両親が生きているのに法律上は父でも母でもないなんて異常な国はほかにないでしょう。

これではいくらなんでも国際社会に説明できないということで、法務省も離婚後の共同親権制度の導入を検討していると報じられましたが、その場合、戸籍制度との整合性をどのように図るのかは不明なままです。

日本の戸籍制度では重婚もできる

さらに不思議なことに、日本の戸籍制度では「重婚」も可能です。

刑法にも重婚罪（2年以下の懲役）が定められていますし、民法でも「配偶者のある者は、重ねて婚姻をすることができない」と書かれていますから、重婚などできるはずはないと思うかもしれません。しかし実際には、戸籍が重婚状態になっている日本人はかなりいます。

私がこの事実を知ったのは、フィリピン人女性と日本人男性とのあいだに生まれた子ども（「新日系人」と呼ばれます）に日本国籍を取得させ、日本で働けるようにするというビジネスをしている業者とマニラで出会ったからです。この手続きの前段階として、フィリピン人の母親を日本人の父親の戸籍に「配偶者」として記載するのです。

この業者への取材をもとに『ダブルマリッジ』（文藝春秋）という小説を書いたので、その登場人物で説明しましょう。

日本の大手商社の部長職にある桂木憲一は、妻の里美、娘のマリと3人で幸福に暮らしています。ところがある日、マリが憲一のパスポート申請のために市役所に戸籍謄本を取りに行くと、戸籍の婚姻欄に、母の里美と並んで「ロペス・マリア」という名前がありました。さらにその後、長女のマリのほかに、「長男」としてケンという男の名前まで戸籍に記載されたのです。

じつは憲一は、里美と結婚する前、マニラに赴任していたときフィリピン人女性と恋に落ち、小さな教会で結婚式をあげます。それが支社で問題になって日本に戻され、異国での恋は冷めていくのですが、日本の法律では、外国政府が発行した証明書があれば婚姻の事実が認められるのです。そのうえこれは時効がないため、25年過ぎたあとでも「妻」のマリアから婚姻届が提出されると、その事実が戸籍に記載されてしまいます。

このとき憲一には里美という妻がいますから、戸籍上は2人の妻がおり、「前婚の妻」がマリア、「後婚の妻」が里美ということになります。民法では「当事者が重婚の取り消しができる」と定めているだけで、請求がなければそのままで行政罰が科されることはなく、刑法に違反するといっても詐欺でもないかぎり警察が動くことはありません。こうして完全に「合法的」に重婚状態になるのです。

法律上は、前婚の妻のマリアは家庭裁判所に申し立てて後婚の妻の里美を戸籍から排除することができますが、マリアの目的は息子のケンに日本国籍を持たせることなので、そんな面倒なことをやろうとは思いません。自分が配偶者として憲一の戸籍に記載されれば、ケンも実子として憲一の戸籍に入ることになります。このようにして「新日系人」は、晴れて「日本人」になるのです。

フィリピンにはこうしたビジネスをしている業者が何社もあり、戸籍上で重婚になっている男性もかなりの数いるとのことです。もちろん、まったく表には出てきませんが。

ちなみに、戸籍を使って新日系人を日本人にする手法は外務省や法務省の暗黙の了解の下で行なわれています。業者はフィリピンの大使館に書類を提出し、それが法務省（法務局）を通じて各自治体の戸籍課に送られ、フィリピン人の妻の名前が戸籍に掲載されるのですから。

奇妙に思われるかもしれませんが、その背景には従軍慰安婦問題があります。業者の話では、2007年にアメリカ下院が日本に対して慰安婦への責任を認定するよう決議してから大使館の態度ががらりと変わって、父親が日本人だと証明できた子どもには積極的に国籍を与えるといいはじめたそうです。1980年代のじゃぱゆきさんの時代から、日本人の父親とフィリピン人の母親のあいだに生まれた子どもは急激に増え、日本国籍者だけで3万人、フィリピン国籍を加えれば10万人を下らないといわれています。

そのなかには父親に捨てられてフィリピンに戻り、母子家庭の貧しい暮らしで学校にも満足に通えない子どもや、母親にも捨てられてストリートチルドレンになる子どももいます。日本の国籍法は血統主義ですから、父親が日本人なら子どもも日本人になりますが、現実には、日本語を話す日本人の子どもがマニラの路上で残飯を漁っているのです。

慰安婦問題は、国際社会では女性に対する人権問題と見なされています。韓国政府や元慰安婦支援団体からの批判に対して「日本は人権を重視している」と力説しているさなかに、フィリピンで日本人の子どもの人権がないがしろにされていることが国際問題になることを日本政府は恐れたのでしょう。こうして、書類の形式さえ整っていれば戸籍に記載して、新日系人の子どもたちに無条件で日本国籍を与えることにした、というのが業者たちの理解です。

このような奇怪なことが起きるのも、明治時代につくられた戸籍制度が「グローバル化」にまったく適応できないからです。

「在日問題」は戦後日本の恥部

日本では「在日」の国籍をめぐる問題がしばしば起こります。

2016年、参議院議員の蓮舫《れんほう》氏は台湾と日本の「二重国籍」だとして強い非難を浴びました。外国籍を持ったままの人間が国政に関与することは許されない、というわけです。また、在日韓国・朝鮮人が「在日特権」を不当に得ていると主張する保守派も後を絶ちません。

ほとんど指摘されませんが、こうした「在日問題」は戸籍制度ゆえに起きた戦後日本の「恥部」です。

明治時代から第二次世界大戦終結まで、日本は台湾と朝鮮を植民地下に置き、「外地」として統治していました。日本の植民地制度の際立った特徴は、外地（植民地）にも「内地」と同様の戸籍制度を導入したことです。イギリスやフランスなど欧米の宗主国は植民地の「外国人」を統治していましたが、日本は台湾人や朝鮮人も「天皇の赤子」として戸籍を与え、「日本人」にしたのです。ただし「内地人（日本人）」と区別するために「台湾戸籍」「朝鮮戸籍」をつくり、「二級市民」として扱っていました（台湾では「蕃人《ばんじん》（高砂族）」を「本島人」と別にして「蕃社台帳」がつくられました）。

ところが敗戦後、日本政府は台湾戸籍と朝鮮戸籍の扱いに窮します。独立国家となった台湾や韓国・北朝鮮の国民が日本の戸籍を放棄することは問題ないのですが、日本国内にもたくさんの台湾戸籍、朝鮮戸籍の「日本人」が暮らしていたからです。

1947年に施行された「外國人登録令」では、「台湾人のうち内務大臣の定めるもの及び朝鮮人は、この勅令の適用については、当分の間、これを外國人とみなす」とされました。さらにサンフランシスコ平和条約が発効する直前の法務府民事通達（1952年4月19日付）で、内地に居住していた朝鮮人・台湾人は平和条約の発効をもって一斉に日本国籍を喪失するものとされたのです。[16]

日本政府はこれによって、彼らが「祖国」に帰国することを望んでいたようですが、もはや故郷に親類縁者はおらず、日本にしか生活基盤のないひとたちがいました。こうして、「かつては日本人で、いまは外国籍になったものの、そのまま日本に暮らす」外国人の扱いが大きな問題になります。

このひとたちは、自らの意思で「韓国・朝鮮人」や「台湾人」になったわけではありません。日本政府が一片の法律によって、「日本国籍」を問答無用で剝奪したのです。とりわけ台湾＝中国は「戦勝国」であり、このことが重大な人権問題になりかねないことは当時の日本政府も理解していました。とはいえ、一人ひとりの意思を確認して「日本人」に戻すことなどできるわけもなく、窮余の策として、「戸籍上は日本国籍を失ったことになっているものの、これまでどおり〝日本人〟として生活できるし、〝外国人〟になったことでいっさい不便を被《こうむ》ることはない」とされました。こうして、「外国人なのに日本人」という奇妙な集団が生まれ、「在日」と呼ばれるようになったのです。

在日の一部にこの制度を悪用した者がいたことはたしかです。日本人なら本名でしか銀行口座を開設できませんが、過去には複数の「通名」で口座開設することができました。通名が本名と同等に扱われるからで、日本人が本名を変えようと思えば家庭裁判所を通じた面倒な手続きが必要になりますが、在日なら外国人登録証の通名を変更するだけです。

しかし元をただせば、こうした「特権」はすべて、戦後の日本政府の不手際から生じたものです。通名での口座開設を認めていたのはそれぞれの銀行の判断ではなく、政府や行政（大蔵省、日銀）にやましいところがあって、戦後史の恥部に触れるようなことはしたくないという暗黙の了解があったからでしょう。

私が大学を卒業したのは1982年ですが、都市銀行をはじめとする日本の大手企業は内定を出す前に戸籍を取り寄せて「出自」を確認し、興信所を使って採用予定者の実家の聞き込みまでやっていました。会社というイエに「汚れた血」を入れないためで、いまこんなことが表沙汰になれば社長の首が飛ぶくらいではすまされないでしょうが、当時は、被差別部落出身者はもちろん、戸籍を持たない在日もまともな会社に就職できないというのは常識でした。「在日特権」を批判する保守派の言論人に感じるのは、彼らだってわずか40年ほど前の出来事を知っているはずなのに、なぜこの「歴史」にいっさい言及せず、なかったことにするのかという疑問です。

「在日問題」を解決するには、二重国籍を認めて、外国籍を保持したまま日本国籍を取得できるようにするのがもっともシンプルです。こうすれば、韓国系日本人や朝鮮系日本人、台湾系日本人など、どこの国にもいる「外国出自の市民」になって、「外国人のはずなのに外国人でない」奇妙な「身分」は消滅するでしょう。

イエ単位の社会保障は持続不可能

戸籍は日本人しか持てない〝排外主義〟の制度で、敗戦後のGHQ（連合国軍最高司令官総司令部）による占領改革はイエ制度を打破すべき旧制度の象徴とし、戸籍法の対象が日本人のみであることを問題視しました。しかし日本の役人（司法省）は、「戸籍」という名称や、戸籍を個人単位ではなくイエ単位で編成することなどを、GHQによる追及をかわしつつ守り切りました[17]。

その結果日本では、年金や健康保険などの社会保障もイエ単位になってしまいました。

年金制度の「第三号被保険者」は、第二号被保険者（サラリーマン）の夫（妻）に扶養されている専業主婦（主夫）のことで、年金保険料をいっさい払わないにもかかわらず年金を受け取ることができます。

これは一見よい仕組みのようですが、ちょっと考えればわかるように、第二号被保険者と見なされない自営業者や、家庭内に第三号被保険者のいない独身者・

共働き世帯が専業主婦（主夫）の保険料を肩代わりしています。さらには、専業主婦が働こうとしても、第三号被保険者の資格を失わない範囲（年収130万円未満）に収入を抑えようとするため、パートタイムのような仕事にしか就かず、事業者も専業主婦を安く使うためにこの制度を悪用する弊害も目立ってきました。

サラリーマンが加入する組合健保も同じで、配偶者の収入が年130万円未満なら保険料を支払わずに扶養家族として健康保険証が交付されます。こうした大盤振る舞いも、制度の恩恵に預かることができない自営業者、独身者、共働き世帯が専業主婦（主夫）のコストを負担しているからこそ可能になります。

さらにいえば、夫が退職するか離婚すれば妻は第三号被保険者の資格を失います。将来の年金が減額され、健康保険証を失うことを考えると、夫は会社を辞められないし、妻は夫と別れることができないという理不尽な状況になります。こうして多くの日本人が、会社に滅私奉公し家庭に尽くすしかなくなるのです。

「女性が活躍できる社会」を掲げた安倍政権もこのことは理解していて、何度か制度の廃止を検討したようですが、既得権を脅《おびや》かされる（専業主婦のいる）サラリーマン家庭の反発を考えると政治的に困難と判断したようです。こうして不合理な制度がいつまでもつづき、日本人の人生を歪《ゆが》めていくのです。

「世界でもっとも幸福な国」のひとつであるスウェーデンも、かつては社会保障を世帯単位で行なっていましたが、社会の変化に対応して個人単位に切り替えました。現在のスウェーデンでは個人で年金保険料を納めなければじゅうぶんな年金を受給できず、これが女性の就業率を引き上げています。各自が積み立てた分が退職後に戻ってくるというシンプルな年金制度にしたことが、国民の高い信頼に結びついたとされています。老後は年金で安心して暮らしていけると思えば、いまあるお金を貯金せず、すべて使ってしまってかまわないのですから、国内経済にとってもいいことでしょう。

日本も年金を個人単位にすれば、女性が働くインセンティブは大きく高まることはまちがいありません。それにもかかわらずイエ単位の不合理な社会保障制度をいつまでも改革できないのは、日本社会の主流にいる中高年の男性（おっさん）が、本音では女性の社会進出を阻《はば》みたいと思っているからでしょう。なぜなら、共学の大学（文系）が女子大のようになったことからもわかるように、まともに競争すれば男より女の方が優秀な職場はいくらでもあるのですから。

日本の社会保障制度は、55歳で定年退職したサラリーマンの平均余命が10年足らずで、ほとんどの国民が結婚し、いちど結婚した夫婦は死ぬまでいっしょという時代につくられたものです。そんな仕組みが「人生100年時代」に持続可能なはずがありません。サラリーマンの夫と専業主婦の世帯の場合、夫が20歳から60歳まで40年間働いて積み立てたお金で、残りの40年間、夫婦2人で計80年間の暮らしを賄《まかな》うことになります。こんな法外な話が可能かどうか、まともに考えれば答えは明らかでしょう。

社会をイエ単位で管理しようとする前近代的な仕組みはあらゆるところで矛盾を引き起こしているのですが、それは日本人の働き方も例外ではありません。

東京地裁の「画期的」判決

2017年9月、日本の働き方を大きく変える可能性のある画期的な判決が東京地裁で出されました。日本郵便で配達などを担当する契約社員3人が、正社員と同じ仕事をしているにもかかわらず手当や休暇などに格差があるのは違法だとして、未払い手当など約１５００万円の損害補償を求めた裁判で、一部を「不合理な差異にあたる」として約92万円の支払いが日本郵便に命じられたのです。

この判決は２０１８年12月の東京高裁でも追認され、賠償は約１６７万円に増額されました。同様の訴訟は大阪地裁でも起きており、２０１８年２月にやはり日本郵便に損害賠償を命じる判決が出ています。２０２０年10月には、最高裁がこれらを含む３つの裁判を審議し、扶養手当や有給の夏季休暇・冬季休暇など対象となった5項目すべてを認める「画期的」判決が出ました。

２０１３年に民主党政権で施行された改正労働契約法には「不合理な労働条件の禁止」（第20条）が盛り込まれており、正社員と非正規の間で賃金や手当、福利厚生などの労働条件で不合理な差をつけることを禁じています。ただし判例が少なく、非正規社員の訴えが認められることは困難だったのですが、安倍政権が２０１６年12月に、どのような待遇格差が不合理かを例示した「同一労働同一賃金」のガイドラインを公表したことで裁判所の判断が変わり、従来は慣例として容認されていたものまで「違法」と認定されるようになったのです。

判決は、正社員と契約社員では職務内容にちがいがあり、賞与や早出・夜勤などの手当てに格差があるのは不合理とはいえないとしながらも、1日4000〜5000円の「年末年始勤務手当」について、「多くの国民が休日の中で、最繁忙期の労働に対する対価を契約社員にまったく支払わないことに合理的な理由はない」として正社員の8割を支払うべきだと命じました（東京高裁は差額の全額に増額）。

賃貸住宅に住む社員向け住宅手当も、管理職を含めた正社員全体ではなく、転居を伴う配置転換がない正社員と比較したうえで、「格差に合理的な理由がない」として正社員の6割を支払うべきだとしました（これも東京高裁で全額に増額）。また病気休暇は「労働者の健康維持のための制度」、夏季冬季休暇は「国民的意識や慣習が背景にある」として、それを契約社員に認めないのは違法だとしています[18]。

判決で明らかなように、ここで繰り返し使われているキーワードは「不合理」です。

「他人の嫌がることをしてはならない」というひとがたくさんいますが、欧米のリベラルはもはやこれを差別の基準にしません。「俺は嫌な気分になったから差別だ！」と主張すれば、どのような言論も封殺できて表現の自由などなくなってしまうからです。――これがイスラームの風刺画問題の本質です。

ではなにが差別かというと、その基準となるのが「合理的に説明できないこと」です。

男性と女性の営業職がいたとして、給料に倍の差があったとしてもこれだけでは差別とはいえません。もし前者が後者の2倍の営業成績をあげているのであれば、給料のちがいは合理的に説明できるからです。グローバルスタンダードでは、こうした合理的に説明できる部分をすべて調整したうえで、それでも残ったちがいが差別であり、解消されなければならないと考えます。

労働組合や「リベラル」を名乗る知識人はどうか知りませんが、日本でも政府と裁判所はこのことに気づいています。「アルバイトにもボーナスを支給せよ」（大阪医大）とか、「非正規社員にも退職金を支払え」（東京メトロ）という、従来の常識では考えられないような判決が２０１９年になって次々と出ています。今後、日本の会社が当たり前のように行なっている不合理な慣行は次々と裁判に訴えられ、廃止か支給対象の拡大を命じられることになるでしょう。

東京地裁の判決を受けて、日本郵政グループ労働組合は2018年4月、非正規社員の待遇改善として1日当たり4000円の年末年始手当を新設する代わりに、約5000人の正社員に支給していた住宅手当の廃止を受け入れました。住居手当は現在、借家で月額最大2万7000円、持ち家だと購入後5年間は月額6200〜7200円が支給されていますが、今後は支給額の10%を毎年減らし、10年間の経過措置のあとに手当を全廃するとのことです。同様に、正社員だけに支給する寒冷地手当や遠隔地手当も減額されますが、転居を伴う異動のある正社員の住居手当は維持されます。

日本郵政グループの「正社員の待遇下げ」が報じられると、労働組合に激震が走りました。正社員の既得権を維持しながら非正規社員の待遇を上げれば経営が成り立たないことは誰もが気づいていましたが、正社員の既得権が「破壊」される日がほんとうに来るなどとは思っていなかったからです。

北欧の国は社会保障が手厚いというイメージを持っている人は多いでしょうが、スウェーデンの会社には社宅や住宅手当などの福利厚生はいっさいなく、退職金もありません。フルタイムとパートタイムを公平に扱おうとすれば、特定のカテゴリーだけを優遇することができないのは当然です。日本の「リベラル」は、正社員と非正規を平等に扱う「リベラルな雇用制度」ではほとんどの福利厚生がなくなることをちゃんと国民に伝えるべきでしょう。

労働組合が守るのは「正社員の既得権」

昭和の高度経済成長期には、企業の業績は右肩上がりでしたから、年功序列で給料が上がることを保証できました。会社自体も大きくなり、子会社や系列会社に「天下る」こともできて、年齢に応じたポストも提供できました。しかしもはや、こうした仕組みは完全に機能不全を起こし、前世紀の遺物になってしまいました。

市場がグローバル化し複雑化するなかで、いったん雇った社員の雇用を何十年も保証することなどできるわけがありません。当然、経営者はこのことに気づいていましたが、日本では正社員という身分は絶対なので、経営破綻寸前まで追い込まれなければレイオフはほぼ不可能です。そこでどうなったのかは、2000年以降の非正規雇用の急増を見れば明らかです。

一般にはこれは「小泉政権のネオリベ路線」が元凶とされていますが、「リベラル」な民主党政権でもこの趨勢《すうせい》はまったく変わっていないことからも、これが典型的な「陰謀論」であることは明らかです。正社員の既得権を守りつつ市場の変化に柔軟に対応しようとすれば、いつでも好きなときに解雇できる「二級社員」がどうしても必要で、政権が右か左かはなんの関係もなく、まさにそのとおりのことが起こったのです。

日本的雇用の最大の汚点は、正社員と非正規で「同一労働同一賃金」の原則が完全に無視されていることです。給料の格差、解雇の容易さ、各種手当の有無、設備利用の可否など、あらゆる面で非正規は劣悪な労働条件に置かれており、これほど搾取されている労働者は先進国ではまず考えられません。

このようにいうと、「そんな大事なことがなぜ報道されないのか」と疑問に思うかもしれませんが、その理由はものすごく単純で、「リベラル」を自称する新聞社や出版社でも非正規雇用は当たり前で、「同一労働同一賃金」の原則などまったく守られていないからです。テレビ局の制作現場にいたってはさらに悲惨で、局の正社員と下請けの待遇は主人と奴隷ほど異なりますから、「働き方改革」についてのまともな報道などできるはずはないのです。

マスコミも含め日本企業では正社員の多くが中高年の男性です。会社というのはイエの正メンバーである「おっさん」の生活を保障するためのもので、非正規のような「ヨソ者」「二級社員」がどうなろうとかまわないのです。

労働組合も同じで、彼らが守っているのは「労働者の権利」ではなく「正社員の既得権」です。派遣社員や契約社員の雇い止めが大きな社会問題になったときも労働組合は見て見ぬふりをしていましたが、これも当たり前で、非正規の権利を守ると自分たちの既得権が「破壊」されてしまうのです。

北欧在住の日本人研究者のあいだでは、「最先端の雇用制度を学ぼう！」と意気揚々と視察に来た日本の労働組合関係者が、帰国するときには「見なかったことにしよう」になるという話は広く知られています。労働組合が沈黙するのは、世界標準のリベラルな制度には「正社員」が存在せず、自分たちがこれまでバカにし「人間以下」に扱ってきた非正規と「平等」になってしまうことがわかったからです。

先進国中最多の祝日が日本人を疲弊させる

国民の祝日の多さも不合理な日本的雇用制度を反映したものです。1966年には年に12日だった祝日は2016年に16日へと増え、先進国のなかで最多になりました。

欧米で祝日があまり喜ばれないのは、有給休暇が従業員の権利で、各自が好きなときに取得するのが当然とされているからです。公休ばかり増えると、かえって自分の都合が制限されてしまいます。ところが日本では、有休を取ると周囲から白い目で見られるため、「お上が強制的に休ませるしかない」という話になってしまいます。社員が有給休暇を使わないのは、サービス残業と同じく、会社＝イエに滅私奉公していることを示さなければならないからです。

日本政府は海外からの長時間労働批判に対応するために国民の祝日を増やしてきたわけですが、いまではそれが経営者ばかりでなく、労働者も苦しめることになっています。

祝日に全員が休めば、その分を少ない平日でこなさなければなりませんから仕事は忙しくなります。祝日になると観光地には人が押し寄せ、平日には来なくなってしまうので、繁忙期に合わせて施設や人員を整備すると閑散期に利益が出せなくなってしまいます。それを埋めてくれるのが外国人観光客で、かつては「貧乏な国から来られても迷惑だ」などといっていたのが、コロナ前はどの観光地も外国人観光客の誘致に血眼《ちまなこ》になっていました。

それにもかかわらず、新天皇が即位した2019年にはなんと「10連休」になりました。これでは時給で仕事をしている非正規社員は月収が大幅に減って生活できなくなってしまうでしょうが、例によって「身分」の低い彼ら／彼女たちのことはどうでもいいと思われているので話題にすらなりません。

ブラック企業というイノベーション

これはあまり知られていませんが、「正社員」にはそもそも英訳がありません。仕方がないのでSeishainというローマ字がそのまま英語として使われています。ついでにいうと「一般職」「総合職」も海外では理解不可能なので、Jimushoku、Sogoshokuなどとするしかありません。逆に、海外の「フルタイム」「パートタイム」の働き方を「正規」「非正規」と訳しているものもありますが、これはたんに勤務時間の契約が異なるだけなので、フルタイムの労働者が正社員というわけではありません。

なぜこんな混乱が起きるかというと、日本では「正社員」というのは身分だからです。そうなると、正社員ではないもの＝非正規は別の身分になるほかありません。非正規から正社員に「身分」を変えることはきわめて困難ですから、これは「身分差別」以外のなにものでもありません。

このことをよく示しているのがブラック企業です。

＊親本出版後、「ブラック企業という名称は黒人差別だ」との抗議の声が、日本在住のアフリカ系外国人などからあがっていると報じられました。アメリカの黒人解放運動で「ブラックパワー」「ブラック・イズ・ビューティフル」が掲げら

れたように、「ブラックであることを誇ろう」というのが人種差別との闘いだったのです。そのため英語圏で、「ブラック」をネガティブな意味で使うことは明らかな「人種差別」と見なされます。ところが日本では、ブラック企業批判を先導してきたグループが代替の名称をいまだに提案しないため、文庫版でもやむなく「ブラック企業」を使っています。

日本の会社には「正社員」と「非正規」という2つの身分があり、就活に失敗して非正規になってしまうと、生涯「差別」されて生きていくしかなくなります。ロスジェネ（ロストジェネレーション／失われた世代）と呼ばれるバブル崩壊後の就職氷河期に社会に出た層がこの罠《わな》にはまってしまい、その悲惨な生活が大きく報じられたため、若者たちは「なにがなんでも正社員にならなければ」という強迫観念に駆り立てられるようになりました。私はこの風潮を「社畜礼賛」と評しましたが、やがてこれを利用した「イノベーション」が登場します。

ブラック企業のビジネスモデルは、なにも知らない若者を「正社員にしてやる」とひっかけて、サービス残業で徹底的に酷使することでアルバイトの最低賃金以下で使い倒すことでした。こんなことをすれば心身に支障をきたして次々と辞めていってしまいますが、メディアが「正社員になれなければ人生終了」という報道を垂れ流したために、正社員の身分に憧れる若者がいくらでもやってきます。

ここからわかるように、ブラック企業は、安価な労働力が無限に存在することを前提に成り立っていました。近年になってこうした会社の経営が傾いてきたのは、ブラック企業を批判する運動の成果もあるでしょうが、より影響が大きいのは人手不足が顕在化してきたことでしょう。当たり前の話ですが、選択肢があれば、誰も「奴隷」になどなろうとは思わないのです。

ブラック企業を批判するひとはたくさんいますが、それが「正社員」を特権階級とする日本的雇用慣行から必然的に生み出された鬼子だということはほとんど指摘されません。「日本的雇用を守れ」と主張するひとは、「ブラック企業を守れ」といっていることを自覚すべきです。

2016年1月の施政方針演説で安倍首相は「同一労働同一賃金の実現に踏み込む」と発言し、経営者はもちろん労働組合も驚愕しました。それまで日本の労働組合は「同一価値労働同一賃金」を主張しており、正社員と非正規では労働の「価値」がちがうから待遇に差があるのは当然だとしていたのです。

これがとんでもない差別意識であることは、白人と黒人の人種問題に置き換えて、「黒人の賃金が安いのは白人とは労働の価値がちがうからだ」と主張したらどうなるか考えてみれば明らかでしょう。ところが日本ではリベラルな知識人や労働経済学者などの専門家も含め、誰もこのグロテスクな論理を批判しませんでした。

こうして「立憲主義を踏みにじる」安倍政権が雇用改革を推進し、「リベラル」が高度プロフェッショナル制度に「残業代ゼロ」のレッテルを貼り、ありとあらゆる改革に頑強に反対する光景が当たり前になりました。「真正保守」なのに「雇用破壊」に邁進《まいしん》する安倍政権と、それに立ちふさがる「リベラル」の、いったいどちらがほんとうのリベラルなのかわからなくなってしまったのです。

高卒の男性は大卒の女性よりも課長になれる

戸籍制度に象徴されるように、日本はいまだ前近代的なイエ社会です。女性は「嫁入り」して文字どおり夫の「家（戸籍）」に入るのですが、男性が所属するイエは戦後の日本社会では「会社」です。男は会社、女は家庭という「イエ」に所属して社会を成り立たせてきたのが日本という国の姿です。

高度経済成長期にはこのイエ社会はうまく回っていました。50歳時未婚率の推移をみると、1950年は男性1・5％、女性1・4％、1970年でも男性1・7％、女性3・3％で、日本人のほとんどは生涯（おおむね50歳まで）に一度は結婚していました。こうした状況が変わりはじめるのが80年代からで、1990年には男性の未婚率が5％を超え、2000年に12・6％、2015年に23・4％、2020年は25・7％と急激に上昇していきます。女性の未婚率は2010年に10％を超え、2020年には16・4％になり、いまでは男性の4人に1人、女性の6人に1人が独身のまま生涯を終えます。

国民の大多数が結婚して「イエ」を構えることを前提とした制度は、もはや維持不可能になりました。しかし、イエ社会を前提とした日本的雇用は、こうした大きな変化にまったく対応できません。

日本でも1985年に男女雇用機会均等法が施行され、形式的には男女平等なはずなのに、管理職の男女格差はきわめて大きなままです。企業における女性管理職の割合はアメリカ39％、イギリス37％、フランス35％なのに対し、日本はわずか13％にすぎません（2019年）。その結果、男女の社会的な性差を示すジェンダーギャップ指数では日本は世界最底辺の120位（2021年）です。――情けないことに、これでも前年の121位から順位が1つ上がったといってよろこんでいます。

なぜこんなことになるのか、その謎を解明したのが社会学者の山口一男さんです。

山口さんは、アメリカなど欧米の企業では、役職と学歴はリンクしているといいます。当然、管理職の比率は大卒が多く、高卒が少なくなります。これはアメリカだけでなく、世界中がそうなっています。

学歴社会なのだから当たり前だと思うでしょうが、山口さんは世界にひとつだけ、この原則が通用しない国があることを発見しました。それが日本です（図表２）。

日本の会社の特徴は、次の３つです。

①大卒の男性と、高卒の男性が課長になる割合は、40代半ばまではほとんど変わらない

②大卒の女性は高卒の女性より早く課長になるが、最終的にはその割合はあまり変わらない

③高卒の男性は、大卒の女性より

図表２　課長職以上の割合の大卒・高卒別男女格差

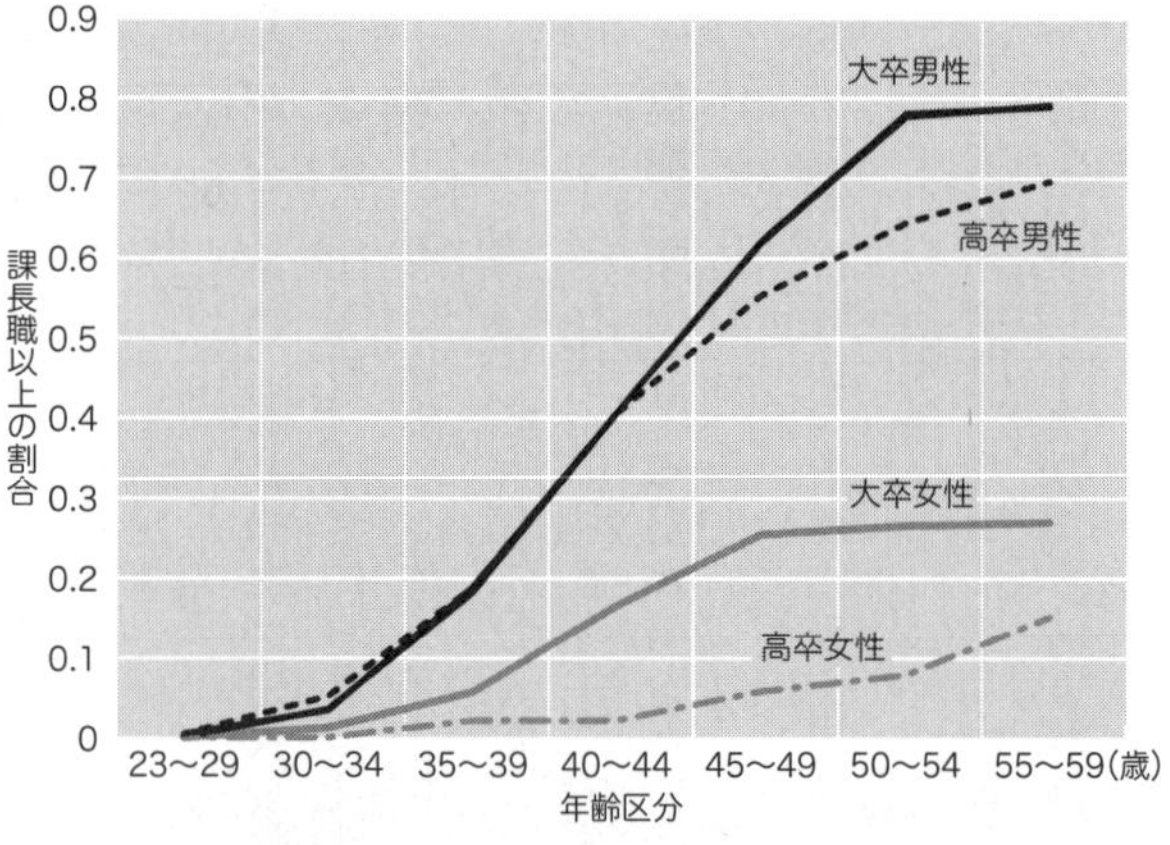

山口一男『働き方の男女不平等』より作成

も、はるかに高い割合で課長になる

これをどう理解すればいいのでしょうか。

高卒の男性でも大卒の男性と同じように出世できるというのは、素晴らしいことです。日本の会社は学歴ではなく、社員一人ひとりの「能力」を見ているのですから。

高卒の女性より大卒の女性の方が出世が早い、というのも当然でしょう。日本の会社では、新卒採用で女性を「総合職」と「一般職」に分けています。総合職は男性と平等に扱われる大卒エリートで、一般職は事務系の仕事ですから高卒も多いでしょう。それが同じ昇進では、いくらなんでも理不尽です。

問題なのは、大卒（総合職）の女性よりも、高卒の男性の方がはるかに早く課長に昇進することです。60歳時点では高卒男性の7割が課長以上になっているのに、大卒女性は2割強と半分にも満たないのです。

身分や性別のような生まれもった属性ではなく、学歴や資格、業績など個人の努力によって評価される社会が「近代」です。そして近代的な社会では、このようなことが起こるはずはないと山口さんはいいます。日本の会社はいまだに「前近代」、すなわち江戸時代と同じようなことをやっているのです。

しかし山口さんは、これは単純な女性差別ではないといいます。ある要素を調整すると男女の格差はなくなって、大卒の女性も男性社員と同じように出世しているからです。

その要素とは「就業時間」です。そんなバカな！　と思うかもしれませんが、就業時間を揃えると大卒女性は男性社員と同じように昇進しているのです。驚くべきことに、日本の会社は残業時間で社員の昇進を決めているのです[19]。

会社という「イエ」で正メンバーになれるのはかつては男だけでしたが、いまでは女性も加わることができるようになりました。これはたしかに進歩ですが、しかし女性がイエの一員として認められるには、無制限の残業によって滅私奉公し、僻地や海外への転勤も喜んで受け入れ、会社への忠誠心を示さなければなりません。そしてこれが、「子どもが生まれても働きたい」と思っていた女性が出産を機に退職していく理由になっています。

日本の会社は、幼い子どものいる女性社員のために「マミートラック」と呼ばれる仕事を用意しています。「男性や独身女性と同じように働かせてはかわいそうだ」との温情とされますが、残業しなくてもいいマミートラックでは忠誠心を示すことができず、イエの一員とは認めてもらえません。当然、給料も減るし昇進もできないでしょう。

これまで対等の関係だったのに、いきなり二級社員のように扱われ、同期ばかりか後輩にも追い抜かれていくというのは、優秀で真面目な女性ほど耐えがたいでしょう。こうして彼女たちは、ちから尽き燃え尽きて専業主婦になっていくのです。

現地採用・本社採用は「国籍差別」

日本の雇用問題は、正社員と非正規の待遇格差や、女性管理職の少なさといったことに留まりません。より深刻なのは、あらゆるところに「身分」が出てくることです。

親会社と子会社の待遇格差も典型的な身分差別です。親会社から出向してきた社員と子会社のプロパー社員では、同じ仕事をしているにもかかわらず給料に差があるのを日本のサラリーマンは当然だと思っていますが、こんなことは海外の会社では許されません。

日本企業が海外進出するときに、本社採用と海外支社の現地採用を分けますが、これは国籍差別以外のなにものでもありません。現地採用の社員から「同じ仕事をしているのに、なぜ私は給料が安いんですか？」と訊かれたときに、「お前が日本人じゃないからだ」と答えている会社はいまでもたくさんあるでしょう。あまりにも身分社会にどっぷり浸《つか》ってしまったために、常識すらなくなってしまったのです。

日本企業の人事制度が国籍差別に基づいているというのはアジア諸国で広く知られていますが、さほど大きな問題になっているようには見えません。これには大きく2つ理由があって、ひとつは「それでも地元企業よりはマシ」というもので、もうひとつは「数年しかいないのだからどうでもいい」です。

いまのところアジアでは日本企業は地元企業より高い給料を払うし、オン・ザ・ジョブ・トレーニングも充実しています。それでも上には日本人社員がいて、彼らの多くは現地語はもちろん英語すら話せません。そんな上司のために真面目に働くのはバカバカしいだけなので、優秀な現地社員は3、4年働いて仕事を覚えると、さっさと（自分を平等に扱ってくれる）グローバル企業に転職していきます。彼ら／彼女たちにとって、日本企業はキャリアビルディングの最初のステップでしかないのです。

アジアで成功している日本企業は、製造業や小売業など労働集約型の産業ばかりです。金融やITなど知識集約型の産業では優秀な人材はどんどん引き抜かれていくので、新人を採用しては一から社内教育する「シジフォスの神話」みたいなことを繰り返しています。

これはアジア圏の人材派遣業者のあいだでは何十年も前から常識になっていて、海外支社を担当する経営幹部も（まともなひとなら）理解していますが、現地採用と本社採用を平等に扱おうとすると、世界中の従業員を「年功序列・終身雇用」にしなければならなくなるのでどうしようもありません。こうして世界に名だたる日本の大手企業が、国際社会からいつ「差別じゃないか」と批判されるのではとドキドキしながら、いまも国籍差別をつづけているのです。

安倍政権は外国人労働者の受け入れを拡大しましたが、日本社会の「身分制」を放置したままであれば、非正規の下に「外国人」という新たな身分ができるだけです。妊娠した外国人の技能実習生に対し強制帰国や中絶を迫る例が報じられていますが、これは明らかな人権侵害で、国際社会ではとうてい許容されません。日本的雇用に組み込まれた国籍差別をなくさなければ、「外国人労働者への門戸開放」は、日本がいまだに身分制社会であることを白日の下にさらすだけでしょう。

とはいえ、外国人にとって日本的雇用になんのメリットもないわけではありません。日本の大学に留学し、日本人学生といっしょに就活して、新卒一括採用で「正社員」になれば、日本人の社員と同等に扱われるからです。欧米社会で外国人留学生が職を得る困難を考えれば、これはずっと魅力的なので、アジアの優秀な若者たちが日本の大学を目指す理由になっているとの指摘もあります（とはいえ、この留学生たちも仕事を覚えれば転職していくのでしょうが）。

さらにつけ加えるなら、保守派のひとたちは、慰安婦問題で日本の主張がなぜ国際社会で通用しないかを真剣に考えるべきです。これは一般に「韓国の陰謀」

とされているようですが、韓国が国連の人権委員会に自分たちに有利な報告書を書かせ、米下院やEUに非難決議を出させるちからを持っているのなら、いまごろ世界を征服しているでしょう。

国際社会から戦時中の日本軍の行動が疑いの目で見られるのは、いまの日本が性差別的な社会だと思われているからです。女性を差別している人間が、「むかしは差別なんかしていなかった」といくら言い張っても相手にされないのは当たり前です。

男女の社会的な性差を示すジェンダーギャップ指数で日本は世界最底辺の120位ですが、これが北欧諸国と同じ10位以内に入るようになれば、国際社会は従軍慰安婦問題でも日本の主張に耳を傾けるようになるでしょう。

定年制は「年齢差別」

採用にあたって人種や性別、出身地、年齢などの情報をもとにすることは、いまでは差別として許されなくなりました。

ここまでは理屈として理解しているひとは多いでしょうが、だったらなぜ、日本の履歴書には写真を貼る欄があるのでしょうか。アメリカ人はこれを見ると驚愕しますが、これは顔写真が性別や人種といった採用とは無関係な情報を提供し、それを基準に選考することは差別と見なされるからです。——履歴書に記載するのは名前と連絡先のほかには、学歴、資格、経験、自己アピールだけです。

日本でも年齢を採用の選考基準にしてはならないとされており、厚生労働省のホームページにも「雇用対策法が改正され、平成19年10月から、事業主は労働者の募集及び採用について、年齢に関わりなく均等な機会を与えなければならないこととされ、年齢制限の禁止が義務化されました」と大きく書かれています。ところが企業の新卒募集では「25歳以下」などと堂々と応募年齢を制限しており、国家公務員や地方公務員試験は30歳が上限のところがほとんどです。これは明らかに違法行為ですが、なぜこんなことが許されるかというと、厚生労働省が新卒にかぎって法律の適用除外にしているからです。

厚労省は、「新卒一括採用は日本社会に深く根づいているので、それを廃止すると多くの学生が不利益を被《こうむ》る」といいますが、だとすれば「アメリカ南部の社会に深く根づいている奴隷制を廃止すると多くの白人が不利益を被る」という理屈も正当化できてしまいます。

「労働者を年齢で差別してはならない」という原理を徹底すれば、定年制も違法になります。なぜなら定年とは、社員の能力や意欲を無視して一定の年齢に達すると「強制解雇」するきわめて暴力的な人事制度だからです。このためアメリカでは定年制は年齢差別として禁止されており、イギリス、オーストラリア、ニュージーランドなどの英語圏のほかスペインもこれに追随しました。「リベラルの守護者」を自認するEUもいずれ定年制廃止を加盟国に勧告することになるでしょう。

そもそも日本で「定年後」がこれほど問題になるのは、定年があるからです。定年制を年齢差別として禁止してしまえば、「定年後問題」もなくなります。それぞれが自分の能力と意欲に応じて、働きつづければいいのですから。

こうした議論は日本ではものすごく嫌われますが、なぜ「年齢差別」に固執するかというと、定年制がなくなれば年功序列も終身雇用も維持できなくなることが明らかだからです。定年制を廃止して100歳まで働けるようになれば、年功序列の給与は天文学的な金額になってしまいます。その社員がまったく能力がなくても、会社は新卒採用から80年間も養いつづけなくてなりません。年齢差別をなくそうとすれば、日本的雇用を破壊するしかないのです。

興味深いことに、「定年制は年齢差別だから廃止すべきだ」というと、サラリーマンの反応は年齢によって大きく2つに分かれます。

40代は、「えっ、そんなの困りますよ」という顔をします。このとき思い浮かべているのは無能な上司や経営陣の顔で、定年がなくなるとこのひとたちが会社に居座るのではないかと思うようです。

50代はたいてい、ものすごく嫌な顔をします。その真意は、「懲役10年だと思っていたのに、無期懲役なんですか」というものでしょう。この年齢になると年相応のポジションはなくなり、若手社員から粗大ゴミ扱いされながらひたすら会社にしがみつくという状況も珍しくありません。そんなシニア社員が日々の苦役に耐えることができるのは、定年という「出所」が近づいているからです。このひとたちの頭のなかは、「満額の退職金を受け取って早く楽になりたい」という思いでいっぱいで、定年制廃止は朗報ではなく、地獄のような日々が永遠につづく不吉な知らせなのです。

解雇の合法化は議論すらできないのか

誰が考えてもわかるように、定年制廃止と終身雇用は両立できませんから、会社が一定のルールによって社員を解雇できる制度がどうしても必要です。ところが、新卒でたまたま入社した会社に定年まで「終身雇用」されることが幸福な人生だと信じられている日本では、解雇すなわち「会社というイエ」から問答無用で追い出す行為はもっとも忌むべきこととされ、「解雇の合法化」など口にするのも憚《はばか》られる風潮がつづいてきました。

しかし、解雇はぜったいにしてはならないものなのでしょうか。

労働経済学では、裁判や労働審判で不当解雇とされたものには「許されない解雇」と「許され得る解雇」があるとします。とはいえ、これはかなり奇妙な主張です。不当＝違法なら許されないに決まっている、と思うでしょう。

しかしよく考えてみると、解雇の不当性にはかなりの濃淡があります。

「許されない解雇」の典型は、差別的な理由によるものです。日本企業では、妊娠した女性社員が働きつづけようとすると、まわりの足を引っ張るとして陰に陽に退職を促す「マタハラ」が横行しています（2020年のハラスメント防止措置により違法）。そんな解雇を「許される」としてしまえば、外国人や障がい者、性的少数者など、「自分たち」とはちがう者をすべて排除するグロテスクな組織ができあがるだけですから、「許されない解雇」をした会社には行政罰を科すだけでなく、その事実を広く告知するなどして社会的制裁を加えることも重要でしょう。

しかしその一方で、経営環境の悪化による解雇（整理解雇）や、従業員に規律違反や能力不足があるなど、会社側に合理的な理由がありつつも、法が認める要件を満たしていないために「不当」と認定されるケースもたくさんあります。こうした解雇まですべて「許されない」としてしまうと経営が萎縮し、かえって労働者の利益を毀損《きそん》するかもしれません。だったらどのような解雇なら「許される」のかを法できちんと決めて、ルールにもとづいて会社と社員（組合）が交渉できるようにすべきだというのが、世界では主流の考え方になりつつあります。

本来、裁判において解雇が無効となると、労働契約は解雇時にさかのぼって存在したことになり、労働者は元の職場に復職（原職復帰）できるはずです。しかし日本では、労働審判で解雇が不当と判断されたり、地位確認訴訟で勝っても、原職に復帰せずに金銭補償で決着することが圧倒的に多いという現実があります。

解雇が「不当」と認定されると、日本の会社の多くは賃金だけを払い、仕事に戻るのを拒否します。これは奇妙に思えますが、裁判所は「労働者には原則として就労請求権はない（規定の給与を受け取っているなら、会社に対して「働かせてくれ」と要求する権利はない）」と解しているので、この取り扱いは適法なのです。こうした状況で解雇された労働者を職場に戻してもうまくいかないとの現実的な判断によって、ほとんどが一定の和解金の支払いを条件として合意退職していきます。

こうした実態がある以上、すべての解雇を悪疫かなにかのように拒絶するのではなく、労働者の金銭補償の権利を明確化すべきだという主張が出てくるのは当然でしょう。それによって弱い立場の労働者を保護すると同時に、雇用終了コストの算定を容易にすれば経営の不確実性を減少させ、新規雇用を増やすことにもなるはずです。[20]

サービス残業は「奴隷労働」

明治時代に制定された民法では、期間の定めのない労働（雇用）契約は、2週間前の予告さえあれば、一方の当時者によっていつでも解約可能とされていました（民法627条1）。そのため、解雇の自由は辞職の自由と並んで保障され、これは戦後（1947年）に労働基準法が制定されたときも修正されませんでした。

ところが1970年代になると、最高裁の判例などによって「解雇権濫用法理」が整備されていきます。よく知られているように、①人員削減の必要性、②解雇回避の努力、③人選基準の相当性、④手続きの相当性という4つの判断要素に基づき、厳格に解雇の有効性を審査するもので、経営者のあいだでは「いったん雇った正社員は解雇できない」との理解が広がりました。この解雇権濫用法理は２００３年の労働基準法18条の２に取り込まれ、２００７年に労働契約法16条に移行して現在にいたっています。

こうした解雇規制の強化は、年率平均10％に及ぶＧＤＰ成長率を経験した１９５５年から73年にかけての高度成長期に強化されたもので、最高裁の判断やその後の法制化は大手企業の雇用慣行に追随したものです。

日本では終身雇用が「労働者を保護するための制度」と思われていますが、これは「労働者を奴隷化する制度」でもあります。

日本の裁判所は、従業員の解雇についてはきわめてきびしい判断をして会社を罰しますが、その一方で、従業員が不当な異動や転勤を訴えてもほとんど却下されます。これは「雇用保護」を金科玉条にしているからで、雇用を奪う解雇は認めないものの、これだけでは会社の経営が成り立たなくなってしまうため、会社が社員にどのような業務を命じても（それがたとえ追い出し部屋でも）経営の裁量の範囲内で、従業員が文句をいってはならないのです。

このようにして、雇用のために会社＝イエに滅私奉公するという日本独特の文化が完成しました。「サービス残業」というのは対価を受け取らずに働くことで、グローバルスタンダードでは「奴隷労働」以外のなにものでもありません。それが日本の会社で広く行なわれているのは文化のちがいなどではなく、サラリーマンの本質が「社畜」だからでしょう。そして裁判所も、生活の安定と引き換えに「社畜の幸福」を得る制度を堂々と認めているのが「先進国」日本の真の姿なのです。

私は10年ほど前、中国・成都にある日系企業を訪れたのですが、午後6時を過ぎると、数人の日本人幹部を除いて従業員はすべて退社し、社内はガラガラでした。この会社が特異なのではなく、中国ではどこもこれが当たり前です。

労働者は賃金を対価に労働を提供しているのですから、5割程度の割増賃金を払わなければ誰も残業しようとしません。これでは赤字になってしまうため、会社は勤務時間が終わり次第社員を退社させます。

そんな中国の労働者からすれば、無給で残業をする人間がこの世にいるなどとうてい信じられないでしょう。「上司が帰らないから自分も帰れない」と愚痴る若いサラリーマンがいますが、中国人からしてみれば「待つのはいいけど割増賃金を払ってくれ」となるでしょう。

欧米企業ではこれは常識ですし、中国企業でも10年前には当たり前になっていたのです。

非正規を犠牲にした解雇規制

1990年にバブルが崩壊すると、日本企業はバブル期に大量採用した正社員が重荷になってきました。こうして労働者派遣の規制緩和が行なわれ、正社員を非正規社員に置き換える動きが加速します。とりわけ90年代後半から2008年の世界金融危機にいたる10年間は「就職氷河期」で、ここに新卒採用の時期が重なった「ロスジェネ世代」では非正規の比率が大きく高まることになります。

解雇権濫用法理では、長期雇用を前提として採用されている正社員を減らす前に、解雇をできるだけ回避するよう努めるべきだとしています。「解雇回避努力」では、(たとえ正社員と同じ仕事をしていても) 非正規を問答無用で解雇(雇い止め) することが正当化されるのです。こうして世界金融危機のようなショックが襲うと、「下層身分」である非正規にすべての負担が集中することになります。

最高裁は、解雇権濫用法理で不況期に職を失うのはパートの主婦などだと考えていたため、このようなグロテスクな事態を想定していたわけではないでしょう。しかし2008年に日比谷公園に「年越し派遣村」が忽然《こつぜん》と現われ、雇い止めが強い批判にさらされたとき、会社側の反論は「正社員の雇用を守るため」で、「自分たちは法律と裁判所の判断のとおりにやっている」でした。

先進国でも有期雇用の働き方はありますが、なんの補償もなく生活の糧を奪われるような雇用契約はあり得ません。このことが国際社会で問題にされそうになって安倍政権は「同一労働同一賃金」へと舵《かじ》を切り、裁判所も自分たちに火の粉が飛んでくることに気づいて、あわててそれを追認したのです。

「定年後再雇用」という矛盾

60歳から65歳に年金支給開始年齢が引き上げられたことで、60歳定年では仕事を失ったまま年金を受け取れない期間が生じることになりました。これに対処するために政府は①定年廃止、②定年延長、③継続雇用の選択肢を用意していますが、定年廃止や定年延長は年功序列の人事制度を根本的に改めなくてはならないためハードルが高く、ほとんどの会社が継続雇用を採用し、再雇用時に大幅に給与を引き下げています。国家公務員の場合は定年を65歳に延長することになりましたが、民間企業の給与水準に合わせて、60歳以降の賃金をそれまでの7割に抑えることになりそうです。[21]――2021年に改正された高齢者雇用安定法によって、さらに70歳までの就業確保措置を講じることが努力義務になりました。

しかしこの方針には、大きな問題があります。定年前と同じ仕事をしながら基本給を大幅に引き下げると、「同一労働同一賃金」の原則に反してしまうのです。

定年退職後に有期雇用で再雇用された運輸会社の運転手が、定年前とまったく同じ業務にもかかわらず賃金が2割強減額されたとして、「同一労働同一賃金」を求める訴訟を起こしました。

この裁判で最高裁は、「定年退職後に再雇用される有期契約労働者は、定年退職するまでの間、無期契約労働者として賃金の支給を受けてきた者であり、一定の要件を満たせば老齢厚生年金の支給を受けることも予定されている」として、

2割程度の減給は一般社会で許容される範囲内だと認定しました。

これを言い換えれば、年功序列の人事制度の下では、定年直前の社員は仕事の生産性から計算される適正な給与を上回る「超過報酬」を受け取っており、その「特権」は定年で期限が切れるのだから、再雇用で同じ水準の給与を要求することはできない、ということでしょう。最高裁はこれを「一般社会で許容されている」としたわけですが、「だったら3割の減給ではどうなのか?」という問題が起きるのは目に見えており、いかにも苦しい理屈であることは否めません。

そのため大企業の多くは、再雇用の待遇について従業員から訴訟を起こされるリスクを避けるために、定年前の仕事とはまったく異なる「時給の安い」仕事をさせています。しかしそうなると、これまでとまったくちがうやりがいのない業務をあてがわれることになり、モチベーションが大きく下がってしまいます。

ある大手出版社では、定年後再雇用でそれまでの高給を5割程度も引き下げたうえで、編集者に単純事務の仕事をさせており、あまりにつまらないのでたいてい1~2年で辞めてしまうといいます。これでは一種の「追い出し部屋」で、これまで培ってきた能力や経験をムダにするのは会社にとっても本人にとっても大きな損失でしょう。

なぜこんな不合理なことになるかというと、定年という「超長期雇用の強制解雇」を前提とする日本的雇用そのものが不合理だからです。この矛盾をただし、会社にも労働者にもともに利益のある働き方にするためには、定年制を廃止するとともに、金銭解雇を合法化しなくてはなりません。

興味深いスペインの解雇法制

海外の労働制度に詳しい法学者（労働法）の大内伸哉さんと経済学者（労働経済学）の川口大司さんらがドイツ、スペイン、アメリカ、フランス、イタリア、イギリス、オランダ、ブラジル、中国、台湾を調べたところ、ほとんどの国で解雇規制に金銭解決ルールが導入されており、なんのルールもない日本はきわめて特殊であることがわかりました。[22]

そのなかでも興味深いのはスペインの解雇法制です。

高い失業率に悩むスペインでは、大胆な規制緩和によって企業に雇用を促そうとしています。その特徴は、①解雇実施前に支払う「事前型補償金」と、解雇訴訟により解雇が不当とされたあとに支払う「事後型補償金」が存在すること、②事後型補償金について、金銭解決を行なうか否かの決定権が原則として使用者にあること、③補償金の計算方法が明確に決定されていることです。

解雇に伴う事前型補償金は「勤続1年につき20日分の賃金相当額、最大で12カ月分の賃金相当額」で、労働者代表との協議を条件に、経営上の理由による集団的解雇（整理解雇）も認められています。

正当な理由なく解雇された場合の事後型補償金は「勤続1年につき33日分の賃金相当額」、能力不足や会社の経営難など正当な理由がある場合は「勤続1年につき20日分の賃金相当額」とされており、解雇によって労働者が被る不利益は定式化された金銭によって解消されます。

これをわかりやすくいうと、会社は労働者の能力の欠如や能力の不適合など個人的な理由はもちろん、三四半期連続で業績が悪化しているというような経営上の事情でレイオフを行なうことも可能です。事前型補償金というのは、こうした解雇の通知とともに（事前に）支払うもので、最大で1年分の賃金相当額となります。

こうした解雇を不当として労働者が訴訟を起こす場合も当然あるでしょう。解雇が不当とされた場合、会社は判決から5日以内に、労働者を現職復帰させるか、不当解雇補償金を支払って労働契約を終了させるかを選択します。これが事後型補償金で、その額は原則として事前型の1・5倍とされています。

スペインの解雇法制の特徴は、差別などの無効事由に当たらないかぎり、会社は不当解雇補償金さえ支払えば、正当な理由がなくても（裁判で解雇が不当とされても）解雇できることです。

日本的な感覚では理不尽きわまりないと思うかもしれませんが、曖昧さが残るドイツなどの解雇法制より、金銭解雇のルールを法律で明確にしたスペイン型がEU諸国では主流になりつつあるといいます。なお、金銭解雇を法制化したことで、現在のスペインでは定年制は廃止されています。

世界の主流は金銭解雇のルール化

世界的に金銭解雇のルール化が主流になりつつあるのにはさまざまな理由がありますが、もっとも大きいのは（スペインのように）解雇規制の緩和で企業の雇用意欲を刺激し、失業率を低下させようとすることでしょう。

しかし経済学者のあいだでは、解雇規制緩和による雇用促進効果には異論もあります。企業は「雇用の安定」を名目に労働者に低賃金を受け入れさせることで解雇規制のコストを吸収できるからで、賃金が上がらず失業率が低い日本はその典型です。

しかしそれでも、厳格な解雇規制が採用・解雇をともに減らすことには経済学者のあいだでコンセンサスができています。日本の労働法制では社員を容易に解雇できない縛りがあるため労働市場の流動性が下がり、正社員は会社というタコツボに押し込められると同時に、非正規から正社員への道が閉ざされ「現代の身分制」が形成されました。

解雇規制が緩和されれば、生産性の低い正社員を一定の補償金を払って解雇し、空いたポストを、能力はあるがこれまでチャンスがなかった非正規に与えることも可能になるでしょう。解雇ルールの透明性が高まることによって正社員の固定費用が減少し、成長産業を中心に、不確実性がある状態でも正社員の新規ポストが拡大するかもしれません。このように考えれば、解雇の合法化は格差問題の解決につながります。

解雇規制を緩和して、生産性の低い産業から生産性の高い産業への労働移動を促進し、世界的にも低い日本の労働生産性を高める効果も期待されています。アメリカの州ごとに異なる解雇規制を用いた実証分析では、解雇規制がきびしくなると企業の参入・退出が抑制され、生産性の指標として用いられる全要素生産性（TFP）の伸びが抑制されるとの結果がでています。

とはいえ、労働者が生産性の高い業種に移動することが常に好ましいわけではありません。日本の場合、製造業の生産性は高くサービス業の生産性は低いのですが、効率化の進む製造業より介護などのサービス業への労働需要が大きく伸びています。こうしたケースでは、生産性が高い業種（製造業）から低い業種（サービス業）への労働移動が起こり、かえって生産性を下げるかもしれませんが、これによって介護職の劣悪な待遇が改善され、「介護難民」がすこしでも減るのなら社会全体の効用は大きく上がるでしょう。解雇規制緩和の目的は労働生産性を高めることよりも、労働需要が減退している産業から増加している産業に労働移動を起こすことなのです。

労働市場がグローバル化するなかで、世界の主流（グローバルスタンダード）と異なる雇用制度を維持することは困難になってきています。

中国に進出した日本企業は、「中国経済の減速」を理由に大規模な整理解雇や工場の閉鎖を進めており、これに労働者が抗議することを「中国リスク」といっています。ところがいまでは、中国企業が日本企業を買収したり、日本国内で事業を行なうこともふつうになりました。こうした中国企業が日本で整理解雇を実施したときに、解雇権濫用法理で違法にすれば、日本企業が中国で行なっていることとの整合性が問われることになります。「国籍差別」の批判を免れようとすれば、世界標準の解雇法制を整備する以外にないのです。

厚生労働省「雇用動向調査」によれば、２０２０年１月１日時点で雇用されている常用労働者約5110万人のうち年末までに727万人が離職し、年間の離職率は14・9%にも及んでいます。その一方で同じ1年間に入職した者は710万人で、入職率は13・9%です。「日本の労働市場は流動性がない」といいますが、それでもひとびとはそれぞれの理由で会社を辞め、再就職しているのです。

現状では、会社も労働者も、明確なルールがないまま解雇をめぐる紛争に対処しなくてはなりません。それでも大企業の労働者（正社員）は組合に守られていますが、中小企業では実質的に「解雇自由」になっており、なんの補償もないまま職を失う者が多いことは広く知られています。非正規はさらに劣悪で、一片の通知で雇い止めにされ寮からも追い出されてしまいます。そんな弱い立場の労働者にとっては、金銭解雇のルールが法律に明記されることは大きな利益になるでしょう。

置かれた場所で枯れていく

日本では保守派であるかリベラルであるかを問わず、ほとんどの（文系）知識人が、「日本的雇用が日本人（男だけ）を幸福にしてきた」として、「雇用破壊」の元凶となるＴＰＰ（環太平洋パートナーシップ）協定を「アメリカ（グローバリスト）の陰謀」と罵倒してきました。――奇妙なことに、トランプはＴＰＰを「アメリカにとってなにひとついいことがない」として大統領就任早々に脱退してしまいましたが。

これは経済史の常識ですが、明治はもちろん戦前ですら、年功序列や終身雇用の働き方はほとんどありませんでした。「日本的雇用」が広がったのは１９６０年代の高度経済成長期以降で、あらゆる職種で人手不足が起きるなか、働き手を確保したい経営者と、生活を安定させたい労働者の利害が一致して、年齢＝生活コストが上がるにつれて給料が増え、定年まで働ける仕組みができあがりました。その代わり若いときの給料は低く抑えられ、退職金を受け取ってはじめてトータルの収入で帳尻が合うようになっています。これだと途中で解雇されるような不祥事を起こしたら大損害ですから、長期にわたって従業員を勤勉に働かせることができます。

終身雇用の代償として会社が求めたのは「使いやすい社員」です。その結果、ホワイトカラーの正社員はゼネラリスト（なんでも屋）としてさまざまな部署を経験し、どの部署や支店に異動・転勤を命じられても断ることができません。こうした働き方をするためには専業主婦の妻が必要で、ＯＬ（オフィスレディ）と呼ばれた女子社員は、30歳までに社内で結婚相手を探して「寿退社」するのが当然とされていました。サラリーマンやその妻は、「安心」を手に入れるために、こうした理不尽な制度をよろこんで受け入れたのです。

経営者にとっても、従来の日本的雇用慣行はとても都合のよい仕組みです。欧米企業の経営者はマネジメントのスペシャリストですが、日本企業では「サラリーマンすごろくの上がり」として、経営の専門性などなくても「いいひとだから」などの理由で社長にしてもらえます。

日本の会社においては、労働組合と経営者は同じイエに所属する仲間です。労働組合の幹部が出世コースのひとつになるのもこのためで、組合は正社員だけを守り、成功した正社員が社長になってイエを守るという二人三脚を続けています。

業績がたいして向上していないにもかかわらず内部留保だけが増えつづけてい

く日本の会社の不思議もこれで説明できます。イエのメンバーである正社員の生活を守るため、業績とは関係なくひたすらお金を貯め込もうとするのです。

こんなことをされては、株式会社の「所有者」である株主はたまりません。会社が利益をあげて配当を出し、企業価値が向上して株価も上がると期待するからこそ、投資家は株を買って株主になるのです。

村上ファンドを創設した村上世彰《よしあき》さんは「物言う株主」として恐れられ、嫌われました。日本の経営者に「使い途のないお金は株主に配当しろ」と正論を主張したところ、インサイダー取引の容疑で逮捕されてしまいましたが、この事件も、会社を「社員の共同体」として私物化している経営者の反撃だと考えると理解できるでしょう。

こんな歪《いびつ》なシステムが持続できたのは、経済成長によって市場のパイが増えていたからで、ひとたび成長が止まれば限られたパイを奪い合う醜い争いが始まるのは当然です。こうして日本は、批判や罵倒が飛び交うぎすぎすした社会になってしまいました。保守派はこれを「中国・韓国が悪い」とか、「反日勢力が日本の伝統を破壊した」とかいいますが、その本質は「身分制社会」において、それそれの「身分」で利害対立が表面化したことです。それを解決するには、「身分でひとを差別しない社会」にするしかありません。

経営者も労働組合も、日本的雇用が機能不全を起こしていることはじゅうぶんわかっているはずです。しかし状況を変えようとすると、既得権が失われてしまいますから、自分からは言い出すことができません。「改革はいいけど、自分が満額の退職金をもらってからにしてほしい」というのが偽らざる本音でしょう。

その結果、日本企業は上から下まで不満を抱えた社員だらけになってしまいました。

シニア社員は、会社を辞めてしまえば生きていく術《すべ》がありませんから、どんなことをしてでもしがみつこうとします。

若い社員は安い給料で長時間労働を強いられ、上の世代に比べて圧倒的に割を食っていることに不満を募らせています。

女性社員は、出産によってキャリアを閉ざされることに不安を感じ、専業主婦になろうかどうか悩んでいます。

そんな彼らの下層には、非正規という「奴隷」のような労働環境に置かれたひとたちがいます。

特別背任罪などで逮捕された日産の前会長カルロス・ゴーン氏はスパイ映画のような方法で日本から「脱出」し、海外メディアのインタビューに対し、日本の検察の取り調べは弁護士の立ち合いなしに行なわれる「魔女裁判」で、公正な裁判が期待できないのが逃亡の理由だと強弁しました。

これまでも容疑者を長期拘束する検察の取り調べは「人質司法」といわれてきましたが、司法関係者はいっさい耳を貸しませんでした。ところが今回は、裁判所は「外圧」に腰が引けたようで、無実を主張しているゴーン前会長の釈放を認めたところ世界に醜態をさらすことになったのです。

日本はいつもそうですが、すべての組織がタコツボをつくりひたすら「前例」を踏襲しようとするので、自分たちがやっていることが「世界標準」に照らしていかに異様なのかわからなくなってしまいます。そんなお役人たちは、内（日本人）に対してはきわめて高圧的で、外（欧米）からバッシングされると慌て出すのです。

社会全体がタコツボ化した日本では、個人の努力で組織を変えることもできなければ、他の組織（会社）に移っていくこともできません。環境（客観）が変えられないとしたら、あとは主観を変えるしかありません。だからこそ他人になにをいわれても気にしない「嫌われる勇気」を持って「置かれた場所で咲く」以外になくなるのです。

もっともほとんどの場合、嫌われる勇気を持つことはできず、置かれた場所で枯れてしまうのですが。

3

会社や管理職はなくなるのか？

テクノロジーの指数関数的な性能の向上によって、世界はどんどん「未来」に向かっているにもかかわらず、個人（市民）ではなくイエによって社会を管理しようとする日本は、前近代的な身分制に固執しています。このことが日本社会のさまざまなところで問題を噴出させているのですが、「働き方改革」をめぐる騒動もそのひとつです。

そんな世界で私たちはどのように生き延びることができるのかが本書のテーマですが、その前に、「世界はどうなっているのか？」を整理しておきましょう。

エレファントカーブが教えてくれること

日本では保守派もリベラルもこぞって「グローバリズム（あるいはネオリベ）が格差を拡大させた」と言い立てますが、これは事実（ファクト）なのでしょうか。それを教えてくれるのが「エレファントカーブ」です。

これはグローバルな格差問題の専門家で、世界銀行の主任エコノミストを務めたアメリカの経済学者ブランコ・ミラノヴィッチが提唱したもので、所得分布を横軸、国民1人当たりの所得の伸びを縦軸にして、1988〜2011年の20年間で実質所得がどれだけ伸びたかを示しています[23]（図表3）。

　このグラフで左端に位置するのはアフリカなどもっとも貧しい地域のひとたちで、その所得はほとんど増えておらず、これが象の尻尾にあたります。しかしそこから実質所得が急速に伸びはじめ、象の巨大な胴体を形成します。これは中国やインドの最貧困のひとたちが、この20年でぞくぞくと中間層の仲間入

図表3　グローバルな所得水準で見た1人当たり実質所得の相対的な伸び　1988−2011年

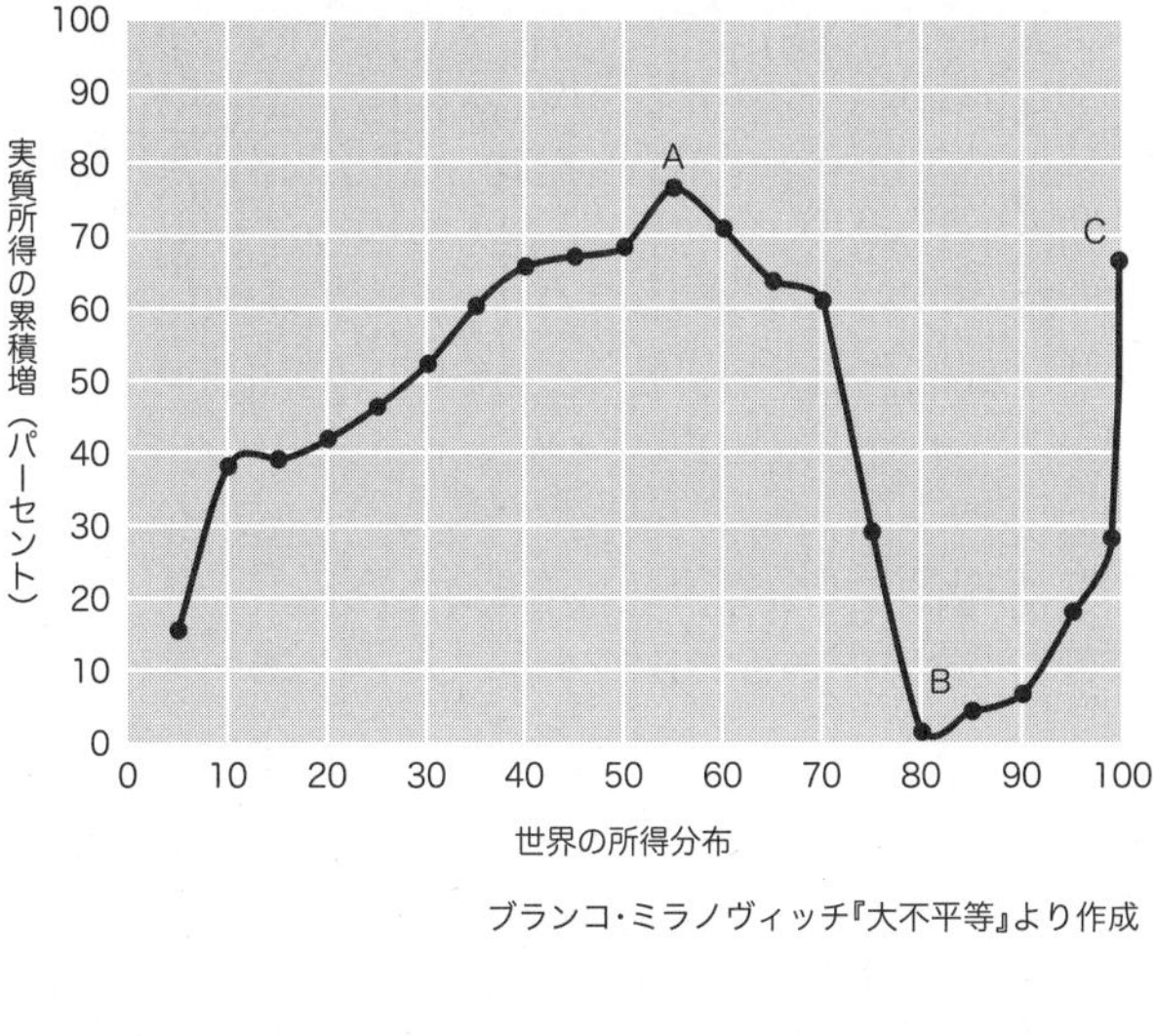

ブランコ・ミラノヴィッチ『大不平等』より作成

りをしたことを示しています。

ところがグラフはそこからまた急速に下がり、グローバルな所得分布で上位20〜10％のひとたちの実質所得がまったく伸びていないことがわかります。象の頭にあたるこの部分にいるのはゆたかな先進国の中間層です。そして最後に、上位1％の富裕層の実質所得が大きく伸びて、象が鼻を高くもちあげているように見えるのです。

この印象的なグラフで、冷戦終焉以降の急速なグローバリゼーションがどのような効果をもたらしたかが〝見える化〟されました。それは以下の4点にまとめられます。

①世界のもっとも貧しいひとたちは、あいかわらず貧しい
②新興国（発展途上国）の経済発展によって分厚い中間層が形成された
③その反動で、グローバル化に適応できない先進国の中間層が崩壊した
④先進国を中心に（超）富裕層の富が大きく増えた

このことからわかるのは、先進国で格差が拡大しているのは事実だとしても、世界人口の大きな部分を占める新興国で広範な経済成長が実現したことで、全体としてはグローバルな不平等の水準が下がっていることです。このことは他のデータでも確認されていて、グローバルなジニ係数（資産や所得の不平等をはかるための尺度で、完全平等社会なら0、所得を1人が独占する完全不平等社会なら100）は1988年の72・2から2008年の70・5、さらに2011年には約67まで低下しています。

世界の不平等のギャップが最高点に達したのは1970年頃で、1人当たりGDPではアメリカ人は中国人の20倍もゆたかでしたが、2010年にはこの比率は4倍未満に縮まって1870年の水準と同じになりました。「産業革命以降ではじめてグローバルな不平等は拡大を停止した」のです。

グローバリズムは格差を拡大したのではなく、グローバリゼーションによって世界の経済格差は縮小し、世界全体で見ればひとびとはずっと幸福になりました。これを認めないのは、自分たち（先進国）だけゆたかならそれ以外の国はどうでもいいという醜いエゴイズム以外のなにものでもありません。

フェイクニュースの類《たぐい》にだまされないように、まずはこの単純なファクトを確認しておきましょう。

日本には低スキルの移民がやってくる

グローバルな格差の原因はいったいどこにあるのでしょうか。ミラノヴィッチは、正しい場所（国）に生まれた者には「市民権プレミアム」が与えられ、悪い場所（国）に生まれた者には「市民権ペナルティ」が科せられるとして、市民権プレミアムの大きさを、世界の最貧国であるコンゴ共和国（コンゴ）を基準として所得収入の大きさで計測しています。

それによれば、（コンゴに対して）アメリカの平均所得は93倍、スウェーデンは72倍、ブラジルは14倍、イエメンは4倍です（日本の1人当たりGDPはアメリカの約7割なので市民権プレミアムは65倍程度）。

コンゴではなくたまたまアメリカで生まれたというだけで、その人の平均所得は93倍にもなります。これは宝くじに当たったのと同じで、グローバルな不平等の3分の2は、どの国に住んでいるかというひとつの変数だけで（統計学的には）説明できてしまうのです。

次にミラノヴィチは、それぞれの国のゆたかな10%と貧しい10%に注目して市民権プレミアムを計測しました。

それによると、スウェーデンの下位10%（貧しいひとたち）の市民権プレミアムは105倍（平均は72倍）ですが、ブラジルは10倍（平均は14倍）です。一方、スウェーデンの所得分布の上位10%（ゆたかなひとたち）の市民権プレミアムが（貧困層の105倍から）47倍に縮小するのに対して、ブラジルでは（10倍から）18倍にまで拡大します。

なぜこのようなことになるかというと、それぞれの国で経済格差の実態が異なるからです。

スウェーデンのような福祉国家は富裕層と貧困層の格差が小さく、コンゴのような最貧国は格差が大きいため、スウェーデンの貧困層はコンゴの貧困層より100倍以上もゆたかですが、富裕層は47倍しかゆたかではありません。一方、中進国で格差の大きいブラジルの貧困層はコンゴの貧困層より10倍しかゆたかでないのに対して、富裕層は18倍もゆたかになるのです。

　この関係をグラフにしたのが図表4です。海外で働くことを考えるコンゴ人から見れば、移住先で自分が貧困層に入ると思えばスウェーデンはものすごく魅力的ですが、富裕層に入ると思うなら、スウェーデンとブラジルにそこまでの差がないことがわかるでしょう。

　このことは、平等な福祉国家にとってやっかいな問題を引き起こします。

　スウェーデンとアメリカの平均所得が同じだとすると、（所得分布が相手国の底辺部分に入る）貧しい移民希望

図表4 貧困層と富裕層の市民権プレミアム

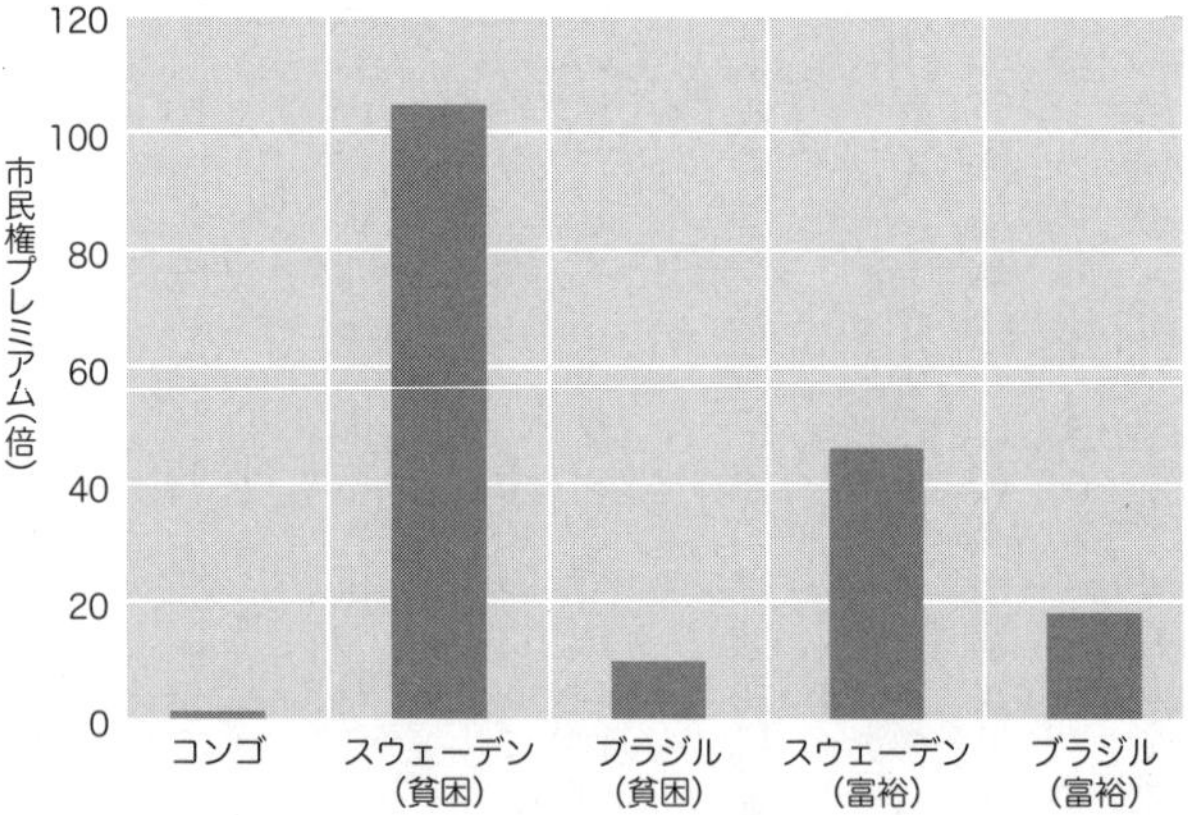

者はアメリカよりもスウェーデンを目指すべきです。なぜならスウェーデンの貧しいひとたちの方が、（平均的には）アメリカの貧困層よりずっと大きな市民権プレミアムを持っているのですから。

しかしこの移民希望者がなんらかの資格やスキルを持っていて、相手国の所得分布の上位部分に入れる見込みがあるのなら、貧富の格差の大きなアメリカを目指すべきだということになります。アメリカの富裕層の市民権プレミアムは、スウェーデンの富裕層よりずっと大きいのですから。

国ごとに市民権プレミアムの分布が異なっていると、発達した社会保障制度のある福祉国家は所得分布の底辺部分に入る低スキルの移民を引きつけ、教育程度が高く能力に自信のある移民は格差の大きい国を目指そうとします。このことから、世界でもっともリベラルな北欧の国で移民排斥を求める「極右」が台頭している理由が説明できます。

もちろん、移民希望者が移住先を決めるのは経済格差だけではないでしょう。とはいえ、ほかの条件が同じなら、不平等でも流動性が高い社会、すなわち最底辺から中流へと階段を上っていきやすい国の方が魅力的であることはまちがいありません。

この議論は、外国人労働者の受け入れを拡大しようとしている日本についても示唆的です。平等性が高く、年金や健康保険などの社会保障制度が整い、社会的流動性が低い国に集まってくるのは低スキルの移民だけだとすると、この条件をもっとも満たす国はいうまでもなく日本だからです。

空前の人手不足を受けて、安倍政権は外国人労働者の受け入れ拡大に舵を切りました。「優秀なひとに日本に来てもらう」そうですが、外国人だというだけで社会の最底辺に押し込められ、そこから上昇する望みがないのなら、そんな国に人生を賭けようなどとは誰も思わないでしょう。外国人労働者の「活躍」を期待するならば、日本社会の宿痾《しゆくあ》である「身分制」を破壊し、実力さえあれば外国人でも日本人を押しのけて会社のトップになれるような、そんな活力ある社会に変えていかなくてはなりません。

富は正規分布ではなく、べき分布する

グローバル化によって世界全体で平均的にはゆたかになっているとして、先進国ではどのようなことが起きているのでしょうか。そこで次に、アメリカの経済格差を見てみることにします。

図表5はアメリカの世帯における所得階層別の平均所得額と最低所得額で、シリコンバレーでベンチャーキャピタル投資を行なっている小林由美さんが紹介しているデータですが、イメージしやすいように1ドル＝110円で換算しています[24]。

これを見ると、所得階層でアメリカの上位0・01％に含まれるのは

図表5　アメリカの所得階層別の平均所得額、最低所得額、世帯数（2014年）

1ドル＝110円で換算／1万円単位で四捨五入

階層	平均所得額	最低所得額	世帯数
上位0.01％	31億9352万円	10億7227万円	1万6503
上位0.1％	3億8914万円	2億835万円	14万8530
上位0.5％	1億941万円	7112万円	66万132
上位1％	5587万円	4654万円	82万5165
上位5％	2700万円	1917万円	660万1320
上位10％	1575万円	1335万円	825万1650
下位90％	364万円		1億4852万9700
全世帯平均	653万円		1億6503万3000

小林由美『超一極集中社会アメリカの暴走』より作成

1万6503世帯で、その平均所得額は31億9352万円です。最低所得額というのは上位0・01%の下限、すなわち上から数えて1万6503番目の世帯の所得額で、10億7227万円になります。

同様に、上位0・5%から1%に含まれる82万5165世帯の平均所得額は5587万円、最低所得額は4654万円、上位5%から10%に含まれる825万1650世帯の平均所得額は1575万円、最低所得額は1335万円です。それに対して下位90%の平均所得額は364万円となっています。

図表6は、同様に所得階層別ですが、平均純資産額（資産から負債を除いた額）と最低純資産額を示したものです（1ドル＝110円で換

図表6　アメリカの所得階層別の平均純資産額、最低純資産額（2012年）

1ドル＝110円で換算／1万円単位で四捨五入

階層	平均純資産額	最低純資産額
上位0.01%	408億1000万円	122億1000万円
上位0.1%	43億6700万円	22億6600万円
上位1%	8億190万円	4億3560万円
上位10%	1億4410万円	7260万円
下位90%	924万円	

小林由美『超一極集中社会アメリカの暴走』より作成

算。世帯数はほぼ同じなので割愛)。

アメリカの上位0・01％に含まれる世帯の平均純資産額は約408億円で、最低純資産額は約122億円です。上位0・1％から1％に含まれる世帯では、平均純資産額が約8億円、最低純資産額が約4億3600万円、上位1％から10％に含まれる世帯では平均純資産額が約1億4000万円、最低純資産額が約7300万円で、これに対して下位90％の平均純資産額は924万円です（これは2012年と2014年のデータなので、現在では富の格差はさらに拡大しています）。

驚くような金額が並びますが、ここからわかるのは、所得にしても資産にしても、「富は正規分布ではなく、べき分布する」ということです。べき分布は「ロングテール」ともいわれ、身長1メートルの群衆のなかに、身長10メートルや100メートルの巨人がいるような奇妙な世界ですが、数学者のベノア・マンデルブロはべき分布こそが世界の基本法則（よく知られた正規分布はその特殊ケース）だとしてこれを「フラクタル（複雑系）」と名づけました。

ロングテールはべき分布を恐竜に見立てたもので、ほとんどの事象は高い首

（ショートヘッド）の部分に集まりますが、尾が長く伸びていることでその先端では想像もできないようなとてつもないことが起こります（図表7）。マンデルブロは所得や資産の分布も複雑系だと指摘しましたが、そう考えればこのデータがよく理解できます。

アメリカのほとんどの世帯は、平均的な年収が364万円、平均的な純資産が（不動産を含めて）920万円ほどで、これは日本の感覚からしてもごくふつうでしょう。ところが上位10％からロングテールの端へと向かうにつれて世帯所得も純資産

図表7　べき分布

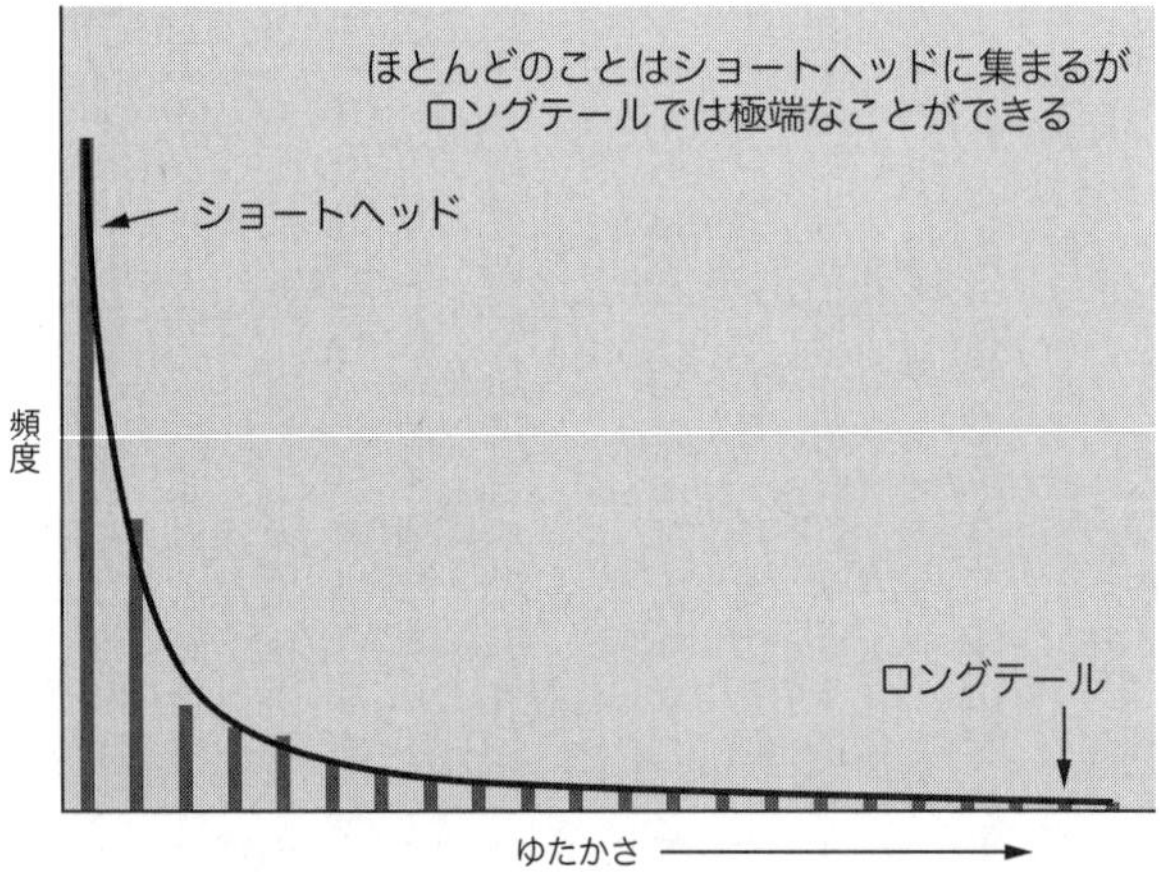
ほとんどのことはショートヘッドに集まるが
ロングテールでは極端なことができる
ショートヘッド
ロングテール
頻度
ゆたかさ

額も指数関数的に増えていって、尾の先端（上位０・０１％）では平均年収32億円、平均純資産額４０８億円というとてつもない額になるのです。

上位０・０１％の世帯数は１万６５０３ですが、ここでの富の分布もロングテールになっており、その頂点にはビル・ゲイツ（資産額９兆７１８０億円）、ウォーレン・バフェット（８兆５４２８億円）、ジェフ・ベゾス（８兆２２６４億円）といった超富裕層がいます。

＊２０２１年の「世界の富豪ランキング」では、１位イーロン・マスク（テスラ）３３８０億ドル≒37兆１８００億円、２位ジェフ・ベゾス（アマゾン）２０２０億ドル≒22兆２２００億円、３位ベルナール・アルノー（ＶＭＨ）１７２０億ドル≒18兆９２００億円で、ビル・ゲイツは４位１３８０億ドル≒15兆１８００億円、ウォーレン・バフェットは10位１０５０億ドル≒11兆５５００億円。

べき分布（複雑系）が生じるのは、それぞれの要素が相互にフィードバックしあうネットワーク構造になっているからで、これはインターネットをイメージするとわかりやすいでしょう。ほとんどのホームページは1日に数百とか数千のアクセスしかありませんが、ヤフーニュースはひとつの記事で1000万アクセスを超えることもあります。グーグルやアップル、フェイスブック、アマゾンなどインターネット時代の勝者（GAFA）も、同じ「ウイナー・テイク・オール」の産物です。

所得や資産がべき分布するのは、経済（市場）が複雑系のネットワークだからで、グローバリズムを批判する一部の論者がいうように、金持ちが貧しいひとたちを「搾取」しているわけではありません。インターネット空間が巨大化すれば、アクセスはすべてのネット参加者に均等に分配されるのではなく、一部の「勝者」に集中します。それと同様に、市場がグローバル化し拡大すれば、富はロングテールの一部の「勝者」に集中するようになりますが、そこに不正や陰謀が隠されているわけではないのです。

しかしだからといって、富の偏在（格差拡大）を放置しておけばいいともいえません。それは、トランプ大統領時代のアメリカで起きていた混乱を見れば明らかです。

格差の小さな日本は健康度が高い

アメリカの経済学者リチャード・ウィルキンソンとケイト・ピケットは、「これほど豊かになり、高度な技術が普及したのに、私たちは不安に取りつかれ、ふさぎ込みがちで、人目を気にし、人間不信に駆られ、消費に狂奔しながら、近所づきあいはないも同然」なのはなぜかを考え、その根底に経済格差があるのではないかと考えました。そして世界各国の膨大な統計を調べることで、この仮説を検証していきます。

その結果2人が見つけたのは、格差の大きな社会は他人への信頼感が低く、精神疾患や薬物乱用が多く、肥満に悩み平均余命が短く、学業成績が低く、10代の出産が社会問題になり、殺人などの暴力事件が多発し、その結果多くのひとが刑務所に収監されていることでした[25]。

アメリカ社会は格差の拡大によって深く病んでおり、トランプの登場は必然だったのです。

ウィルキンソンとピケットの研究は格差に反対するひとたちが飛びつきそうですが、なぜか日本ではほとんど話題になりません。その理由は、図表8を見れば一目瞭然です。「各国のもっともゆたかな20％のひとびとは、もっとも貧しい20％のひとびとの何倍ゆたかか？」を格差の指標にすると、OECD諸国のなかでもっとも経済格差の大きいのがシンガポール、次いでアメリカで、もっとも格差が小さいのが日本になっています。

図表9（176ページ）は所得格差と「健康および社会問題インデックス」の相関を示したものですが、グラフ（回帰線）はきれいな右肩上がりになっていて、所得格差がもっとも大きなアメリカが健康度がもっとも低く、所得格差がいちばん小さな日本が健康度がもっとも高くなっています。

女性の地位などいくつかの例外はあるものの、ほとんどの指標において格差の小さな日本の状況は先進諸国のなかではずっとマシな部類に入ります。

世界中の格差を研究したウィルキンソンとピケットによれば、日本は北欧諸国と並ぶ「最優等生」なのです。これが、「格差社会日本」を批判したい「リベラル」な知識人から2人の研究が無視される理由でしょう。

図表８　各国のもっともゆたかな20%のひとびとは、もっとも貧しい20%のひとびとの何倍ゆたかか？

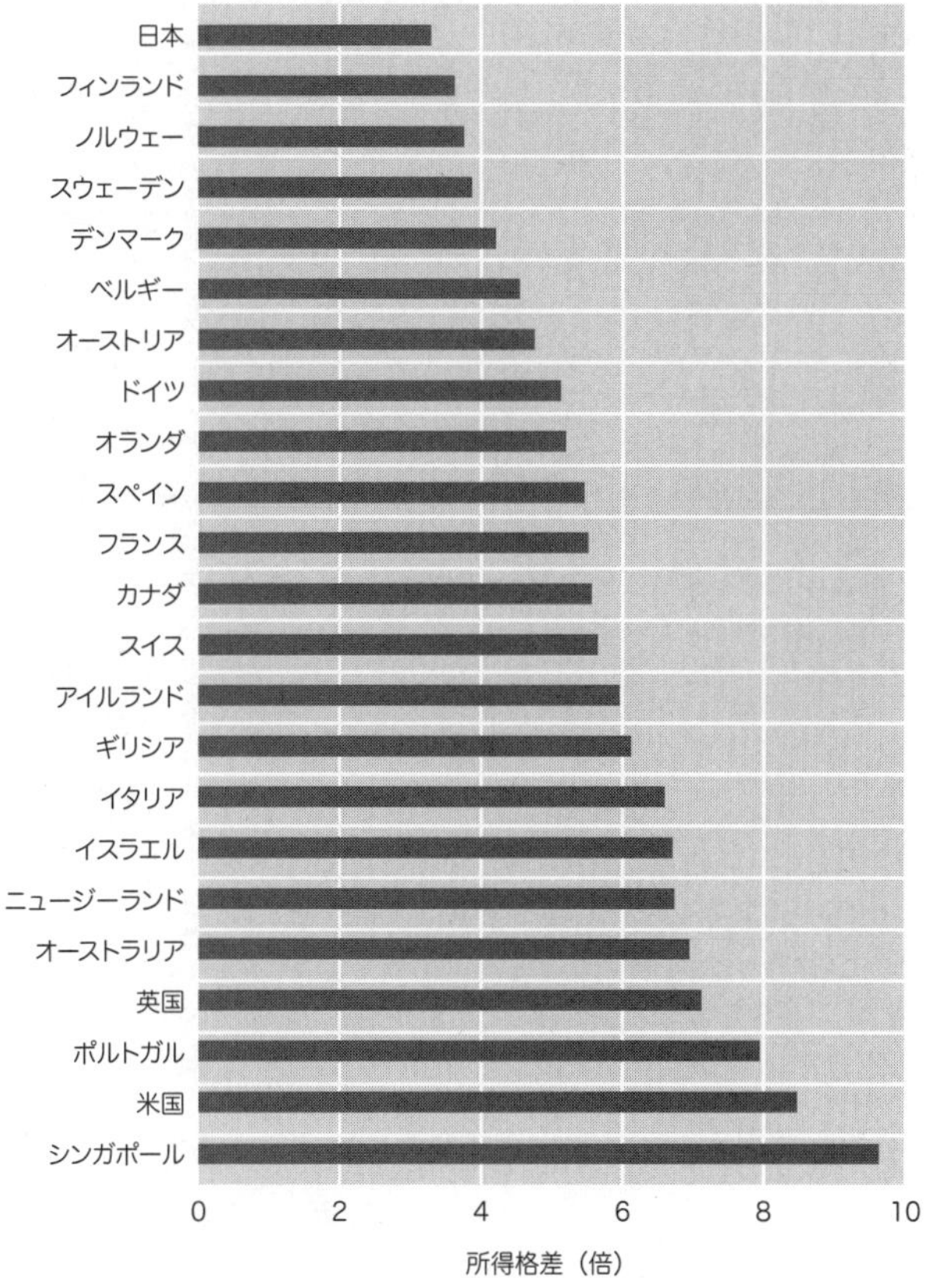

リチャード・ウィルキンソン、ケイト・ピケット『平等社会』より作成

とはいえこれは、昨今流行《はや》りの「すごいぞ、ニッポン」ではありません。日本社会でも経済格差は確実に拡大しており、多くのひとが不満や不安を募らせています。欧米では、こうした不満や不安が何倍、何十倍にも増幅されている、ということです。

そう考えれば、イギリスの「ブレグジット（EUからの離脱）」、アメリカ社会の分断、フランスの「ジレジョーヌ（黄色ベスト）デモ」、イタリアや東欧での排外主義政権の登場など、世界を揺るがしたさまざまな出来事の背景が理

図表9　富裕国間においては、健康問題や社会問題は不平等に緊密に関係している

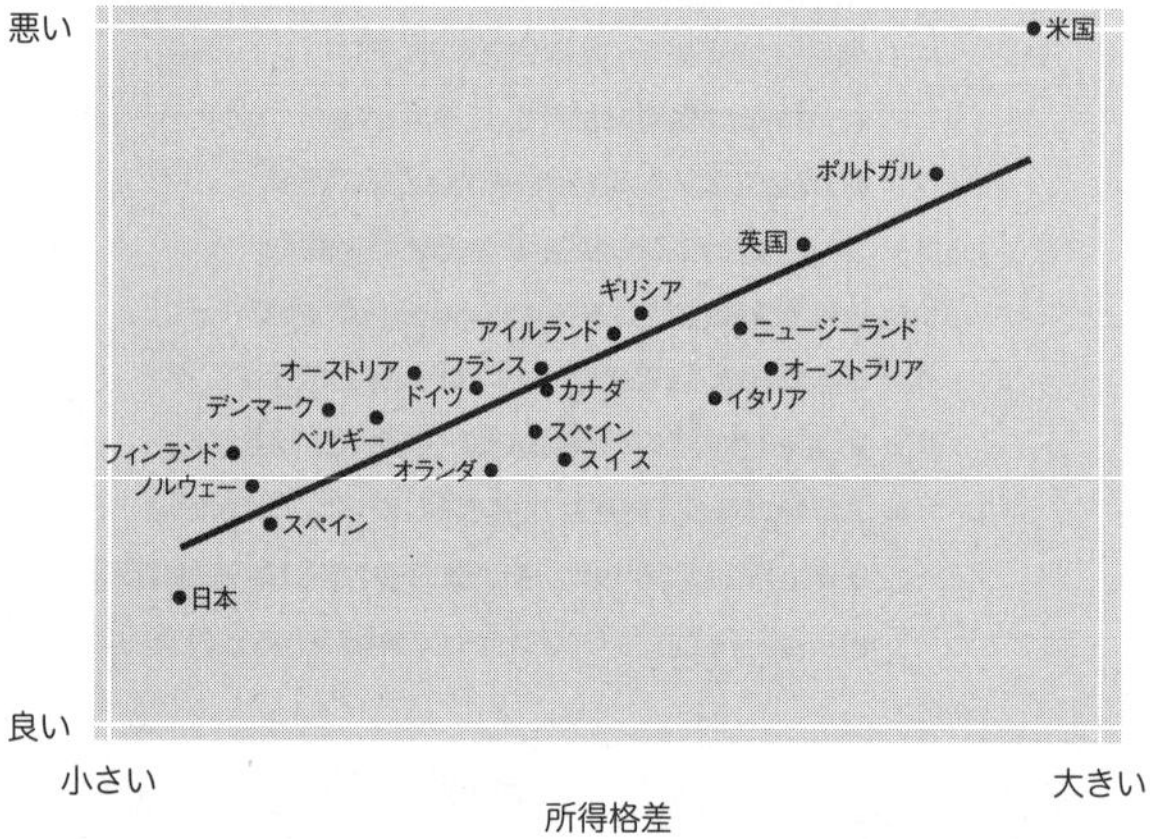

リチャード・ウィルキンソン、ケイト・ピケット『平等社会』より作成

解できるでしょう。

3対7の「バーベル経済」

先進国で中流層が崩壊し、格差が拡大している背景には、テクノロジーの驚異的な性能の向上による知識社会の深化＝進化があります。かつてなら決まった時間に工場に行き、いつもの仲間と決められた作業をやっていれば家族を養っていけるだけの給料をもらえましたが、いまではそんな都合のいい話はなくなりました。

高度化する知識社会では仕事に必要とされる知能のハードルがどんどん上がっていきますが、それに応じて人間の知能が向上するわけではなく、多くのひとたちが中流から脱落してしまいます。

トランプを熱烈に支持したラストベルト（さびた地帯）の白人労働者がその典型で、昨日までは「まっとうなアメリカ人」として誇りを持って働いていたのに、突然工場が閉鎖されて仕事を失ってしまいました。「暮らしに困っているなら生活保護を受給したらどうですか」といわれてプライドをずたずたにされた彼らは、ドラッグ、アルコール、自殺によって生命を失っています。世界中で死亡率が低下しているのに、アメリカの労働者階級の白人の死亡率だけが逆に上昇しており、これは「絶望死」と呼ばれます。

なぜ昨日までふつうにやっていたことが、今日になっていきなりできなくなるのか、彼らにはうまく理解できません。こうして「なにかの陰謀がはたらいているにちがいない」と思うようになり、Qアノンの陰謀論にはまっていくのです。「プアホワイト」とか「ホワイトトラッシュ（白いゴミ）」というレッテルを貼られた彼らの心理状態は、日本で「ネトウヨ」と呼ばれるひとたちとも共通するでしょう。

一部の富裕層と大多数の貧困層に社会が分裂していくことを「バーベル経済」といいます。『the four GAFA 四騎士が創り変えた世界』（東洋経済新報社）でプラットフォーマーの支配を描いたスコット・ギャロウェイは、これをより端的に「少数の支配者と多数の農奴が生きる世界」といっています。

ただしこれは、「ウォール街を占拠せよ」の標語のような「1％の富裕層と99

％の我々」というほど極端なものではありません。このことは、アメリカの富の分布を見ても明らかです。上位10％の世帯の最低所得額は1335万円、最低純資産額は7260万円で、アメリカの10世帯に1世帯は所得でも資産でもこれよりゆたかです。これをわかりやすくいうと、「10人に1人は（ほぼ）ミリオネアの家に暮らしている」ということになります（2019年にはアメリカのミリオネアは7世帯に1世帯程度に増えました）。

これはアメリカだけでなく、日本を含む先進国も同じです。

総務省統計局の家計調査報告（2017年）によれば、日本の2人以上の世帯のうち上位10％超の平均年収は1441万円です。スイスの大手金融機関クレディスイスが発表した「2019年グローバル・ウェルス・レポート」では、資産額100万ドル（約1億1000万円）を超える富裕層の人数は、日本はアメリカ、中国に次いで世界で3番目に多く302万5000人となっています。日本の世帯数は約4885万なので、（ミリオネアが世帯主だとして概算すると）全世帯の7・4％、13～14世帯に1世帯が「ミリオネア世帯」ということになります。同一世帯に住む夫婦や親子がミリオネアということもあるのでこの数字は過大でしょうが、それでも「億万長者」はじつはものすごくたくさんいるのです。

10人に1人がミリオネア世帯で暮らしているアメリカでは、自分もミリオネアになれると期待するひともたくさんいるでしょう。仮に10人のうち2人がミリオネア予備軍だとすると、「バーベル」の上は3人、下に7人ということになります（図表10）。超格差社会のアメリカでもせいぜい“We are the 70%”で、「1%対99%」というような荒唐無稽なことにはならないのです。

図表10

バーベル経済

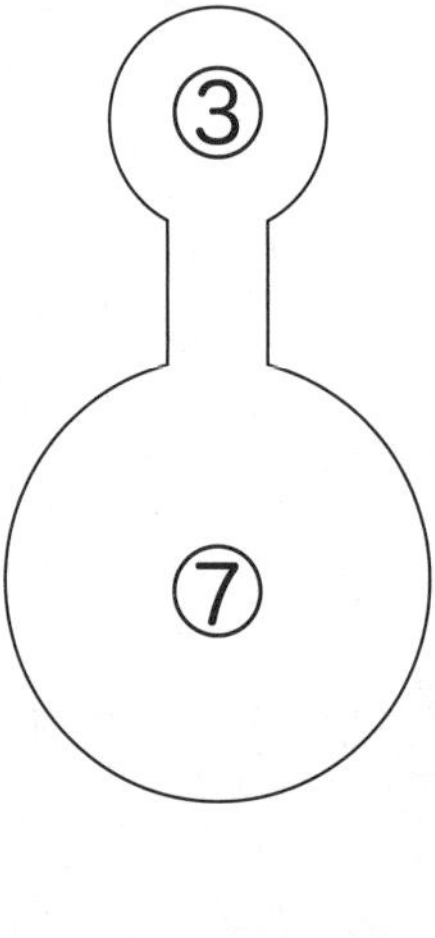

「バーベル」の比重が3対7だとすると、それを5対5とか、7対3のような「格差のない社会」に変えていくことも大事でしょうが、より重要なのは、自分が「3」の側、すなわちバーベルの上のグループに入ることです。これについて

は次章で扱うとして、もうすこし「未来世界」の働き方について考えてみましょう。

未来世界で会社はなくなるのか？

「驚異的なテクノロジーが支配する未来世界では会社はなくなる」と主張するひとたちがいます。シリコンバレーを本拠地とするテッキー（サイバーリバタリアン）の一派で、地球上のすべてのひとが最大限の自由を手にしたとき「世界は変わる」と信じているのです。

最初に紹介した「ギグエコノミー」を熱烈に信奉するのもこのひとたちで、プログラマーの自由な意思だけでリナックスという大きなプロジェクトが成功したのだから、すべての仕事（プロジェクト）は会社など介在させなくても「ギグ」だけで可能になるはずだといいます。

その基礎にあるテクノロジーがブロックチェーンです。ビットコインのバブルが崩壊し価格が暴落したことで過去のトレンドのように扱われていますが（その後、価格はふたたび上昇)、じつはこれは「革命(ブロックチェーン・レボリューション)」の序章かもしれません。

その中核にあるのが「スマートコントラクト」で、ブロックチェーンの技術を使ってすべての契約をほとんど手間をかけずに結べるようにすれば、シェアリング・エコノミーを超えた「メータリングエコノミー」が可能になります。そこではWiFi電波やパソコンのCPU・ストレージ、携帯の通話枠から個人の専門知識まで、なんの面倒もなく貸し借りすることが可能で、使用した量は自動的に計測され、マイクロペイメントで自動的に引き落とされることになります。取引は会社対会社(B to B)から個人同士(P to P)へと分散化し、すべての個人が好きなときに好きなようにスマートコントラクトで「ギグ」をする、まったく新しい働き方が可能になるのです[26]——。

これはきわめて興味深い提案ですが、ほんとうにそんな未来がやってくるのでしょうか。

じつはこれについては、『機械との競争』(日経BP社)などの著書があり、テクノロジーと雇用の未来を研究する第一人者であるアンドリュー・マカフィー

（マサチューセッツ工科大学〈MIT〉デジタル・ビジネス・センター主席リーダー）とエリック・ブリニョルフソン（MITスローン経営大学院教授）が詳細に検討しています。「会社はもはや過去の遺物か？」との問いに対する彼らの答えは「そんなことはない！」です。[27]

なぜそうなるのか、すこし詳しく説明してみましょう。

ロナルド・コースは1910年にロンドンの電気技師の息子として生まれ、当時から労働者階級の子弟にも門戸を開いていたロンドン大学に通信教育聴講生として進学しました。最初は歴史学を専攻しようとしたもののラテン語の教育を受けていなかったため許されず、化学を専攻しようとしたが数学の成績が悪かったために断念し、仕方なく経済学を選んだといいます。

そんな経歴のせいか、コースは他の経済学者が思いつかないような問題に取り組み、1991年にノーベル経済学賞を受賞します。それは、「（ハイエクなど自由主義者がいうように）市場がそれほど素晴らしいものなら、なぜこれほど多くのことが会社組織のなかで行なわれているのか」という問いであり、同時に、「巨大企業が市場を支配できるなら、なぜすべてを自分たちで行なわないのか」

という問いでした。

その答えは、「あらゆる取引にはコストがかかるから」ということになります。市場取引のコストは主に次の４つです。

・検索コスト：市場で適正な価格水準を探り、取引相手を探す費用
・交渉コスト：その相手と交渉し合意するための費用
・契約コスト：取引相手との合意内容を確認し有効な契約にするための費用
・監視コスト：契約の履行状況を監視する費用

こうしたコストを総称して「取引費用」といいますが、自社で生産することでこれらの市場コストを引き下げられるなら、会社は合理的な判断によって内製化（自社内での生産）を選択するでしょう。

その一方でコースは、社内取引にもさまざまなコストが発生すると考えました。組織が複雑化するにつれて部門間のすり合わせで消耗するのはサラリーマンなら誰でも痛感しているでしょうが、こうして社内の取引費用が大きくなると、

会社はやはり合理的な判断によって市場取引を選ぶことになります。スティーブ・ジョブズ（アップル）がiPhoneの開発・マーケティングのコア・コンピタンスに集中し、製造をすべてアウトソーシングしたのがその典型です。

市場は生産に関するコスト（モノやサービスを生み出すために必要なコスト）をおおむね押し下げますが、会社は調整に必要なコスト（生産を手配し、円滑に維持するためのコスト）をおおむね押し下げます。この2つのコストはトレードオフの関係にあるので、市場や会社にすべての取引が集中するようなことにはならないのです。

所有権に価値があるのは契約が不完備のとき

市場取引にはさまざまなコストが発生し、それが会社が存在する理由になっていますが、デジタルエコノミーによってこれらの取引費用をゼロ（ないしは社内取引以下）にまで押し下げることができるなら、もはや会社は不要になるのではないでしょうか。

しかし、シリコンバレーのテッキーの願望に反して、現実に起きているのはグローバル企業への集中です。エコノミスト誌がさまざまな産業から893社を調査したところ、上位4社の市場シェア（売上高ベース）の加重平均は、1997年に26％だったのが、2012年には32％へと集中化が進んでいることがわかりました。

マカフィーとブリニョルフソンはこれを、経済が「シュンペーター型」になったからだといいます。古い会社がシェアを伸ばしているのではなく、テクノロジー競争で優位に立った企業がハイペースで規模を拡大し、圧倒的なシェアを獲得することで既存企業を駆逐し、GAFAのような「勝ち組」に取引が集中するようになったのです。

「ブロックチェーンを活用してすべての取引（契約）を当事者同士で（仲介者なしで）結ぶことができれば会社は不要になる」というテッキーの「スマートコントラクト」ならどうでしょうか。しかし、これもやはりうまくいきません。なぜなら、将来のすべての取引を契約で確定することが原理的に不可能だからです。

経済学者のサンフォード・グロスマンとオリバー・ハートは、「不完備契約理論」と「残余コントロール権」でこのことを説明します。2人によれば、「所有権に価値があるのは、契約が不完備のときにかぎられる」のです。

このことは、「起こりうる偶発事象がすべて契約で網羅されているなら、契約の対象となる資産（土地建物、機械類、特許など）が何であれ、一方の当事者がその資産の「所有者」であることは何ら追加の権利を生じさせない。契約が不完備だった場合にのみ、資産の所有者は、契約上の規定を除いては所有する資産に何をしてもよい残余コントロール権を持つことになる」と説明されます。

これは一見奇異な主張ですが、次のように考えてみるとわかりやすいでしょう。

マンションを購入することであなたはその部屋の所有権を手に入れましたが、契約条件として民泊に使うことはできないとされています。よくあるケースでしょうが、この場合、所有権は取引時の契約によって制限されています。同様に、ペットを飼ってはいけないとか、ベランダでタバコを吸ってはいけないとか、「起こりうる偶発事象」のすべてが契約で定められていたとしたら、所有権はどんどん制限されて実態はなくなっていくでしょう。「購入した価格の半額で10年後に不動産会社に売却する」という契約条項（売り戻し契約）があったとしたら、これは所有ではなく賃借になってしまいます。

所有権というのは、あるモノ（所有物）を自由に使用・取引・処分できる、つまり全面的に支配できる権利です。しかし契約は、この所有権を制限します。あなたが持っている権利は、契約にない「残余コントロール権」だけなのです。

それでも会社が存在する理由

完備契約であれば、あらゆる偶発事象があらかじめ契約に書かれているわけですから、偶発的な事故によって莫大な損害賠償を請求されるようなこともなくなり、すべての市場参加者が安心して取引できます。

しかし経済学者は、こうした完備契約は事実上不可能だと考えています。世界はきわめて複雑で、未来はあまりに不確定要素が多く、しかも人間の知性も理性もかぎられているからです。こうした要素が重なれば、現実の取引において、あらゆる不確定要素を織り込んだ完備契約の作成は夢物語にしかならないでしょう。

不完備契約で長期の生産を行なう場合、将来起こり得るすべてのケースを考慮に入れられないため、想定外の事態については事後的な再交渉で契約変更するほかありません。そうなると、特殊な資産に投資したあとになって、相手方から弱い立場に付け込まれることを恐れ、すべき投資をしないという問題が生じます。これが「ホールドアップ問題」です。

自動車部品メーカーが、自動車メーカーから自社の車にしか使えない特殊部品をつくるよう依頼されたとしましょう。しかし部品メーカーは、契約の不完備性のため、いったん特殊部品の生産ラインをつくってしまったら、（他の用途には使えないのだから）自動車メーカーから足下を見られて値下げを要求されるにちがいないと考えます。こうして、双方にとって有利な（すべき）投資をしないという不合理な決定を「合理的に」行なうことになってしまいます。

このホールドアップ問題を解決するにはどうすればいいでしょうか。ひとつは、部品メーカーが安心するように、将来起こり得るすべての偶発事象を契約に書いておくことです。しかしもっと簡単なのは、自動車メーカーが部品メーカーを買収してしまうことでしょう。これで発注者（自動車メーカー）に裏切りへのインセンティブはなくなります。

会社が存在する根本的な理由のひとつは、市場参加者が必要に応じてその都度集まるやり方では完備契約が結べないことにあります。

現実の世界では、将来想定外の事態が起きたとき、誰がどうするかが決まっていないということはしばしばあります。会社が資産を所有していれば、不完備契約であいまいなことについて残余コントロール権を行使できます。会社は、契約に明示されていないすべての決定権を経営陣に与えることでやっかいなホールドアップ問題を回避しているのです。

未来世界で管理職はいなくなるのか？

会社（法人）は個人と異なって、恒久的に存続します。どれほど信用力が高くても巨額の契約を個人と結べないのは、当事者がいつ死んでしまうかわからないからです。これでは長期プロジェクトや長期投資をすることができません。

さらに会社（とりわけ株式を公開している会社）は明示的なルールに縛られていて、行動の予測可能性が確保されています。それに対して個人は、きまぐれで（あるいはなんらかの精神疾患のために）すべての契約をいきなり反故にしてしまうかもしれません。

こうして、デジタル・エコノミーの時代でも会社はなくならないばかりか、少数のプラットフォーマーが大規模化していきます。その一方でフリーエージェントやマイクロ法人（個人事業主の法人化）のように「組織に所属しない働き方」も一般的になり、彼らはプラットフォームを使って自らの専門性と仕事をマッチングさせ、さまざまなコンテンツを流通させていくようになるのです。

マカフィーとブリニョルフソンは、会社と同様に管理職もなくならないといいます。

管理職は1998年にはアメリカの労働人口の12・3%を占めていましたが、2015年には15・4%に増えています。これは一見奇妙なようですが、働き方が「二極化」していると考えれば理解できます。デジタルエコノミーでは、フリーエージェントと管理職がともに増えるのです。

この現象は、「ルーティンワークのスキルに対する需要は大幅に減ったにもかかわらず、調整、交渉、説得、社会的認識能力などの「ソーシャルスキル」に対する需要は高まった」からだと説明されます。全職種を通じてソーシャルスキルを必要とする仕事は24％増えたのに対し、統計や分析など数学的スキルの方は11％増にとどまっているのです。

管理職のソーシャルスキルとは、「部下なり同僚なりの感情や欲求を察知し、気持ちよくいっしょに働けるようにする能力」のことです。管理職が必要とされるのは、3つの理由があるとされます。

①世界がひどく複雑になり、変化のペースが速くなったこと。このような世界で生き抜くには調整やすり合わせ、根回しが重要となるが、それを全部ソーシャルメディアで代替することはできない相談で、橋渡し役となるミドルマネージャー（トランスミッションベルト）がどうしても必要になる。管理職は、小さな問題を解決し、大きな問題を上司にあげ、上の指示を噛み砕いて下へ伝え、下の言い分をうまく上に伝え、交渉し、討論し、その他諸々のソーシャルスキ

ルをあちこちで発揮することで、組織の仕事をスムーズに回し、つっかえたり滞ったりしないように気を配る。

②大方の人間は数字やアルゴリズムだけでは納得しない。たいていのひとは、無味乾燥な数字よりも、説得力のあるストーリーやエピソードに心を動かされる。これは消費者だけでなく従業員も同じで、賢い企業は顧客に対してだけでなく社員に対しても高度な説得術を駆使する。

③会社（組織）が存在するいちばんの理由は、人間というものはいっしょに働き、助け合うのが好きだからだ。社会がどのように変わったとしても、大多数のひとは、どこかに集まって「みんなで」働きたいと思うだろう。だとすれば、誰かが仕切り役を買って出て、うまく意見をまとめてみんなに分担を割り当てなくてはならない。

プロジェクト化しやすいものと、そうでないもの

「未来世界」ではさまざまな仕事が分権化され、プロジェクトとして切り分けら

れるようになっていくことはまちがいありません。その一方で、「ギグエコノミーの世界では会社はフラット化し、管理職はいなくなる」とするテクノロジー理想主義者の期待に反して、会社も管理職も（とうぶんのあいだ）存続しつづけるでしょう。このことは、もっとも早く（１９５０年代）からプロジェクト型に移行した映画産業でも、映画会社が大きな影響力を持っていることからも明らかです。

一般的な映画のつくり方だと、プロデューサーが企画を立てて出資者を集め、脚本家と相談しながら作品の骨格を決めて、監督と俳優にオファーを出します。低予算でも脚本が気に入ればビッグネームの俳優が出演することもあるし、大作でも自分のイメージに合わないと断られます。監督は、助監督、撮影、音声など現場を支えるスタッフを集めてクランクインし、作品ができあがるとチームは解散し、次の映画（プロジェクト）のための準備をはじめるのです。

ここで登場したひとたち――プロデューサー、脚本家、監督、俳優、現場スタッフ――のなかで「会社員」はひとりもいません。俳優は芸能事務所に所属しているでしょうが、それはマネジメントを代行してもらっているだけで、人気が出れば収入は青天井で、仕事がなければお金はもらえません。

こうした働き方ができるのは、大物監督や人気俳優だけではありません。いったん仕事のやり方がプロジェクト化されると、現場スタッフから端役にいたるまですべてのメンバーがフリーエージェントになるのです。

映画制作の現場がここまで徹底して「ギグ化」しているにもかかわらず、映画会社はあいかわらず必要とされています。

大作映画をつくるには数十億円、ハリウッドなら数百億円の制作費をかけることもあります。こんな莫大な資金を個人（プロデューサー）が管理することはできませんから、投資家が安心してお金を預けられる映画会社が受け皿になります。いったん映画ができあがると、こんどはそれを全国の劇場で上映したり、DVD販売やネット配信したり、海外に版権を売ったりしなければなりません。作品を市場に流通させるには膨大な事務作業（バックオフィス）が必要で、これも映画会社がやっています。

仕事のなかには、プロジェクト化しやすいものと、そうでないものがあります。ギグエコノミーにもっとも適しているのはコンテンツ（作品）の制作で、エンジニア（プログラマー）やデータ・サイエンティストなどの仕事や、新規部門の立ち上げのような特殊な才能と経験が必要なコンサルティングへと拡張されていきました。それに対して、利害の異なるさまざまな関係者の複雑な契約を管理したり、大規模なバックオフィスを管理する仕事はこれまでどおり会社に任されることになるでしょう。フリーエージェントがギグで制作したコンテンツ（音楽や映画）も、多くの場合、会社のブランドで流通しています。

プロジェクト型の仕事は、新しいモノやサービスを創造するクリエイターの世界です。こうした分野は徐々に会社から分離され、フリーエージェントが担うことになります。

それに対して会社には、プロジェクト全体を管理するマネージャーのほかに、法律や会計・税務などの専門的な分野をカバーするスペシャリスト（専門職）がいます。クリエイターはプロジェクト単位で仕事の契約をして、組織に所属するマネージャーやスペシャリストの助けを借りながらコンテンツを完成させ、そうやって生まれた作品は会社のブランドで流通しマネタイズされるのです。

「未来世界」でも（とうぶんのあいだ）フリーエージェント（クリエイター）と

管理職（スペシャリスト）は増えていくでしょう。「ＡＩがホワイトカラーの仕事を奪う」との不安が広がっていますが、幸いなことにそうした事態はすぐには起こりそうもありません。しかし、ホワイトカラーの問題はほかのところにあります。

ブルシットジョブの大騒動

文化人類学者で「アナキスト」を自称するデヴィッド・グレーバーは２０１３年、ロンドンで発行されている左翼系の『Strike!（ストライク！）』という雑誌に“On the Phenomenon of Bullshit Jobs”（ブルシットジョブという現象について）という短いエッセイを寄稿しました。

世の中には、部外者から見てなんの役に立っているのかまったくわからない仕事がものすごくたくさんある。たとえばＨＲ（ヒューマンリソース）コンサルタント、ＰＲ（パブリック・リレーションシップ）リサーチャー、フィナンシャル・ストラテジスト、コーポレート・ロイヤーなどなど。このリストはえんえんとつづくが、部外者だからわからないのではなく、こうした仕事にはもともとなんの意味もないのではないか……。

これらの仕事を総称して、グレーバーは「ブルシットBullshit（牛の糞）」と呼びました。これは俗語で「たわごと」「でたらめ」のことですが、興味深いことに、jobという単語は「牛や馬のひとかたまりの糞」を意味する中世の言葉から派生したとの説があります。――グレーバーがこのことを意識していたかどうかはわかりませんが。

ブルシットジョブの記事が雑誌に掲載されるやいなや大評判になり、数週間のうちにドイツ語、ノルウェー語、スウェーデン語、フランス語、チェコ語、ルーマニア語、ロシア語、トルコ語、ラトビア語、ポーランド語、ギリシア語、韓国語に翻訳され、スイスからオーストラリアまでさまざまな新聞に転載され、雑誌『Strike!』のWEBサイトは数百万のアクセスでたびたびクラッシュしたといいます（邦訳は『ブルシット・ジョブ　クソどうでもいい仕事の理論』〈岩波書店〉）。

コメントの多くはホワイトカラーの専門職からのもので、自分が常日頃漠然と思っていたことをグレーバーが的確に言い当ててくれたと述べていました。たとえばオーストラリアのあるコーポレート・ロイヤー（企業弁護士）は、「私はこの世界になにひとつ貢献しておらず、すべての時間がとてつもなくみじめだ」と書いています。

2015年1月5日（多くのロンドンっ子が冬休みを終えて職場に向かう初日）、何者かがロンドンの地下鉄の広告を差し替える事件が起きました。その「ゲリラ広告」には、グレーバーのエッセイが抜き書きされていました。

「ものすごい数のひとたちが、内心では〝こんなものなんの役にも立たない〟と信じている仕事をするために、何日も費やしている」

「まるで何者かが、俺たちを働かせつづけるために無意味な仕事をわざわざつくりだしているみたいだ」

「この状況が生み出す道徳的・精神的なダメージははかりしれない。それは俺たちの魂に刻まれた傷だ。だがそのことを、誰も言葉にしようとはしない」

「内心では自分の仕事が世の中に存在すべきではないと思っているときに、どうやって労働の尊厳について語りはじめることができるだろう」
この騒動を受けて調査会社が「あなたの仕事は世の中になんらかの貢献をしていますか？」と訊いたところ、37％が「ノー」と答えました。[28]
こうしてグレーバーは、なぜこれほど世の中に無意味な仕事が多いのか考察していくのですが、ここではすこし視点を変えて、マカフィーとブリニョルフソンの論理からこの現象を考えてみましょう。

ムダな会議はなくならない

『プラットフォームの経済学』（日経ＢＰ社）では、知識社会の高度化とテクノロジーの進歩によって高スキル労働者（クリエイティブクラス）がフリーエージェント化する一方で、プラットフォーマーのようなグローバル企業が拡大し、そこで多数の「管理職」が働くようになると予想しています。

クリエイティブクラスとはその名のとおり、なにかを創造（クリエイト）するひとたちで、その典型がシリコンバレーで「世界を変えるイノベーション」を目指す若者たちです。それに対して会社の「管理職」は、彼ら／彼女たちの創造を手助けし、創造物の権利関係を定め、流通や配信、利用を管理し、収益を回収して分配する仕事をしています。「管理職」は市場の潤滑油であり、その存在がなければどのような創造行為もたちまち行き詰まり、空中分解してしまうでしょう。

グローバル市場が巨大化し、複雑化するにつれて、さまざまな国籍の文化的・歴史的・宗教的に多様な市場参加者の利害が交錯し、「管理職」の役割はますます重要になると同時に細分化されていきます。その結果皮肉なことに、誰のためになんの仕事をしているのかわからなくなってしまうのです。業務にかかわる膨大な契約の一部に携わるコーポレート・ロイヤーなどは、その典型でしょう。

このように考えれば、「この世界になにひとつ貢献しておらず、とてつもなくみじめだ」という嘆きの意味がわかります。しかしそれでもこの仕事は必要であり、だからこそ高い報酬が支払われるのです。

こうした事情は、日本のサラリーマンにはよくわかるでしょう。大手企業では業務全体に占める会議の割合は20％ちかくにもなるとのデータがあり、経営者は

「ムダな会議をやめろ」と号令をかけますが、それでも一向に減りません。これはブルシットジョブそのものですが、しかし会議をやめてしまうと部門間の調整などがうまくいかず、業務が滞ってしまうからまた復活するのです。「資本主義の陰謀」で無意味な仕事がつくりだされているのではなく、周囲だけでなく本人ですら「無意味」と思っている仕事にも、なくなってしまうと困る理由があるから存在しているのです(たぶん)。

グレーバーはアナキストなので、ホワイトカラーの仕事の多くは「ブルシット」だが、世間一般で「ブルシット」と思われるバスの運転手や看護師、清掃係は直接的に社会に貢献している「エッセンシャルジョブ」だといいます[29]。たしかにそうかもしれませんが、問題なのは、こうした仕事が(訓練を受ければ)多くのひとが従事できることです。それに対して、いくら「ブルシット」でもコーポレート・ロイヤーになるには高度な資格が必要になります。この需要と供給の法則によって、「社会に貢献している仕事が低賃金で、なにも貢献していない(と本人が思っている)仕事は高報酬」ということになるのです。

「民主化」される専門職

ホワイトカラーの仕事が左翼（極左）やテッキーから目の敵《かたき》にされるのは、知識を不当に独占していると見なされるからです。

1980年代に初期のAI（人工知能）であるエキスパートシステム開発に携わり、法律分野での専門知識のあり方を研究してきたリチャード・サスカインドは、息子のダニエル・サスカインドとの共著で、専門家を以下の4つで定義しています。【30】

(1)専門知識を有している
(2)なんらかの資格に基づいている
(3)活動に関する規制がある
(4)共通の価値観により縛られている

マックス・ヴェーバーが『プロテスタンティズムの倫理と資本主義の精神』で述べたように、近代資本主義の成立とともに専門職が台頭してきましたが、そこには「大いなる取引」と呼ばれる特権が隠されていたとされます。それを哲学者ドナルド・ショーンはこうまとめています。

「人類にとって非常に重要な、専門家の並外れた知識へのアクセスを手にする見返りに、社会は彼らに対し、それぞれの専門領域における社会統制の権利、職務における高度な自律性、誰が専門的権限を引き受けるのかを決める権利を認めている」

知識社会において、専門家（プロフェッショナル）は知識へのアクセスを管理することで大きな社会的信用と高い報酬を獲得してきました。その典型がカトリックの神父で、神の言葉（聖書）の解釈を独占し、ローマ教皇は国王に匹敵する権力を手にしたのです。

だがサスカインドは、これはひとびとが知識を手にする方途がかぎられていた時代の過渡的な現象で、テクノロジーによって必要とするひとにじゅうぶんな知識が適切に届くなら専門家の役割は縮小していくし、そうなるべきだといいます。専門職において不可欠な要素とは「専門家」ではなく、ひとびとが抱く知識へのニーズなのです。

専門家の仕事が機械に代替されつつあるもうひとつの理由が、知識の爆発的増加に人間が対応できなくなったことです。

これはとりわけ医療で顕著で、平均で41秒ごとに新しい論文が発表され、２０１４年に刊行された医療関係の出版物のうち、ある医師が自分に関係するものをすべて読もうとすると、毎日すくなくとも21時間を費やさなくてはなりません。ＷＨＯ（世界保健機関）による国際疾病分類の第10版では１万４０００以上の病気が分類され、臨床医は現在、約６０００種類の薬品と、４０００種類の内科的・外科的処置を行なうことができるとされます。このすべてを正確に理解することは人間には不可能で、標準化して機械で処理できるようにするほかはありません。

こうして専門職の標準化とシステム化が進んでいくのですが、皮肉なことに、それによって専門家の存在意義が揺らいできます。

糖尿病患者へのインスリン投与をセンサーデータに基づいて自動的に行なうよ

うにすれば、専門家の判断は不要になります。テクノロジーの理想世界では、体内を循環するナノロボットによって医療データが収集され、それが高速通信網でクラウドに送られてＡＩが解析し、異常があった場合は適切な薬が自動的に送られてくるようになります。その先には「外科医ロボ」が出張し、自宅で手術を行なうＳＦのような未来が到来するかもしれません。そうなれば、専門家としての医師は不要になるでしょう。

こうした脱専門家（専門職の民主化）の試みは他の領域でも進んでおり、教育、法律、ジャーナリズム、経営コンサルティング、税務と監査、建築などが挙げられていますが、その状況は一様ではありません。たとえば法律の領域では、知識を機械に組み込むことで脱専門化が実現できます。自動運転では車は交通法規に違反できないので、交通違反を取り締まる必要もなければ、違反者を処罰するための司法システムも不要になるでしょう。

サスカインドは、「専門職が提供する実用的専門知識へのアクセスと料金は受け入れ可能なレベルとはほど遠い」として、専門家の既得権を破壊して消費者に手頃な料金で適切な知識を提供することが「正義」にかなっていると主張します。こうしたリベラルの理想主義によって専門職の未来は機械に代替されていくのかもしれませんが、それにはまだかなりの時間が必要でしょう。世の中はテクノロジーのように「指数関数的」には変化しないのです。

ＡＩと医師とが診断の正確性を競い合った転移性乳がんの診断コンテストでは、誤診率はＡＩが７・５％、医師が３・５％でしたが、ＡＩと医師が協同した場合は０・５％と劇的に精度が向上しました。移行期にはブルシットな仕事が機械に代替される一方で、（一部の）専門家はＡＩなどを活用してより高度で高給の仕事をするようになり、富と影響力を拡大させるのではないでしょうか。

組織に属す働き方、属さない働き方

ここでクリエイター、スペシャリスト、バックオフィスについて説明しておきましょう。これについてはいろいろなところで書いたので既読の方もいると思いますが、次の展開に必要なのでざっと述べます。

クリエイターというのは、「クリエイティブ（創造的）」な仕事をするひとで、スペシャリストは「スペシャル（専門）」なものを持っています。それに対してバックオフィスは「事務系」の仕事です。

クリエイター、スペシャリスト、バックオフィスのいちばんのちがいは、会社に属しているか、属していないか、です。

クリエイターというと芸術家を思い浮かべるでしょうが、プロスポーツ選手やベンチャー起業家も含まれます。そうやって範囲をどんどん広げていくとなにがクリエイティブかわからなくなってしまいそうですが、日本でも世界でも彼らには際立った特徴があります。それは「会社員ではない」ことです。

サラリーマンをしながらライブハウスのステージに立つミュージシャンはいるかもしれませんが、音楽活動で会社から給料をもらっているわけではありません。会社勤めのプロ野球選手はいないし、ベンチャー起業家が会社員というのはそもそも定義矛盾です。

それに対してバックオフィスは、非正規やパート、アルバイトなど雇用形態にちがいはあっても、全員がどこかの組織に所属しています。事務系の仕事というのは、その「事務」を発注して管理する会社がないと成り立たないのです。

スペシャリストはこの中間で、組織に属さずに仕事をするひともいれば、どこかの組織に属しているひともいます。典型的なのは医者で、自分の病院を持てば「開業医」、どこかの大きな病院で働けば「勤務医」と呼ばれます。弁護士や会計士・税理士、プログラマーやコンサルタント、トレーダーなどにも、組織に属しているひとと属していないひとがいます（図表11）。

　組織に属していないクリエイターやスペシャリストは、「フリーエージェント」「インディペンデントワーカー」と呼ばれます。要するに自営業者のことで、ここまでは世界共通ですが、スペシャリストとバックオフィスの扱いでは日本と世界は大きく異なります。

　いまでは欧米だけでなく中国なども含め、「外資系」の会社では、組織のなかでスペシャリストとバックオフィスがはっきり分かれています。それに対して日本では、バックオフィスの仕事は主に非正規という「身分」の労働者が行なっています

図表11　日本と世界の働き方

<table>
<tr><th></th><th colspan="2">組織に属していない</th><th colspan="3">組織に属している</th></tr>
<tr><td>世界</td><td>クリエイター</td><td colspan="2">スペシャリスト</td><td colspan="2">バックオフィス</td></tr>
<tr><td>日本</td><td colspan="2">フリーエージェント</td><td colspan="2">正社員</td><td>非正規</td></tr>
</table>

が、正規の「身分」の労働者、すなわち正社員のなかにもバックオフィスの仕事をしているひとがいて、渾然一体となっています。そのうえ正社員のなかで、誰がスペシャリストで誰がバックオフィスなのかもよくわかりません。

この混乱を「世界標準」に近づけようというのが安倍政権が進めた「働き方改革」で、「高度プロフェッショナル」というのは会社に所属するスペシャリストのことです。このひとたちは会社の看板を借りた自営業者のようなものなので、報酬は成果によって決まる青天井ですが、目標に達しなければ契約は終了となります（自営業者に雇用保障がないのと同じです）。当然、残業代などあるはずがありません。

ところがこんな当たり前のことが日本ではまったく理解されず、「差別」的な日本的雇用を死守したいひとたちが「人権」の旗の下で、ファストフードの従業員まで残業代が支払われなくなるかのような「残業代ゼロ法案」のレッテルを貼って大騒ぎしたのです。

拡張可能な仕事と拡張できない仕事

では次に、この3つの仕事を別の角度から見てみましょう。

映画俳優と演劇の俳優はどちらも同じような仕事をしていますが、映画はクリエイター、演劇はスペシャリストの世界です。これは、その仕事が「拡張」できるかどうかで決まります。

テクノロジーの進歩によって、あらゆるコンテンツがきわめて安価に（ほぼゼロコストで）複製できるようになりました。

『スター・ウォーズ』のように大ヒットした映画は、映画館、テレビ、DVD、インターネット配信など、さまざまなメディア（媒体）によって世界中に広がっていきます。ネットの配信数には上限はないので、理論上は、地球上に住むすべてのひとがお金を払って映画を楽しむことができます。これは、富にも上限がないということです。

映画と同様に、本（ハリー・ポッター）や音楽（ジャスティン・ビーバー）、ファッション（シャネル、グッチ）やプロスポーツ（サッカーのプレミアリーグ）、検索（グーグル）やSNS（フェイスブック）、プログラム（マイクロソフト）も拡張可能な世界です。

それに対してバックオフィスは時給計算の仕事ですから、収入は時給と労働時間で決まり拡張性はまったくありません。時給1000円の仕事を8時間やれば8000円で、それ以上にもそれ以下にもなりません。

それ以外にも、拡張性のない仕事はいろいろあります。

演劇はたしかにクリエイティブな仕事ですが、その収入は劇場の規模、料金、公演回数によって決まります。大評判になれば連日満員でしょうが、それ以上利益は増えませんから、富を拡張するには広い劇場に移るか、公演回数を増やすしかありません。

このように考えると、医師や弁護士、会計士などの仕事も拡張性がないことがわかります。

テレビドラマに出てくる天才外科医は1回の手術料がものすごく高いかもしれませんが、手術件数には物理的な上限があるので、富が無限に拡張していくことはありません。同様に、弁護士や会計士も扱える事件やクライアントの数には上限があるでしょう。彼らはきわめて高い時給で働いていますが、それでも拡張不可能な世界の住人なのです。

クリエイティブな仕事をしていても、クリエイターは拡張可能で、スペシャリストは拡張不可能です。このようにいうと誰もがクリエイターに憧れるでしょうが、成功するのはごく一部というきびしい世界で、タダ働き（ときには持ち出し）になることもあります。それに対してスペシャリストは働けば必ず収入が得られるし、年収2000万円や3000万円になることもあります。ただしそれにともなって、責任も大きくなっていきます（医師は誤って患者を死なせてしまうと医療過誤で訴えられます）。

だからこれは、どれがよくてどれが悪いということではありません。共通するのはクリエイティブな仕事をしていることですから、クリエイターとスペシャリストを合わせて「クリエイティブクラス」とします。

それに対してバックオフィスは、仕事の手順がマニュアル化されておりクリエイティブなものはほとんどありません（だから「マックジョブ」とも呼ばれます）。そのうえ時給は、スペシャリストに比べて大幅に低くなっています。

だったらバックオフィスの仕事にはなんの魅力もないのかというと、そんなことはありません。そのいちばんの特徴は「責任がない」ことです。

マニュアルどおりにやるのが仕事なのですから、それによってなにかとんでもなくヒドいこと（原発が爆発するとか）が起きたとしても、責任をとるのはマニュアルをつくった会社（経営陣）でバックオフィスの労働者ではありません。世の中には、労働は生活のためのたんなる手段で、余った時間を趣味に使いたいというひとが（かなりたくさん）いますが、そんな彼ら／彼女たちにぴったりの仕事です。

バックオフィスのもうひとつの特徴は、マニュアルどおりに仕事ができさえすれば、高齢者や障がい者で

図表12　クリエイティブクラスとマックジョブ

クリエイティブクラス		マックジョブ
クリエイター	スペシャリスト	バックオフィス
成功するのは難しい	時給は高いが 責任も大きい	マニュアル化されていて 責任はない
拡張可能な仕事	拡張不可能な仕事	

も、外国人でも、働き手は誰でもかまわないことです。バックオフィスの会社は、社会から差別され排除されているひとに仕事を提供するというとても大事な役割を果たしています（図表12）。

6つに階層化する働き方

この3つの働き方の区分はいまでも有効だと思いますが、グローバル化、知識社会化で先行する欧米を見ると、そこにはっきりしたヒエラルキーができつつあることがわかります。そこで、これまでの議論を取り入れて、階

図表13　6つに階層化する働き方

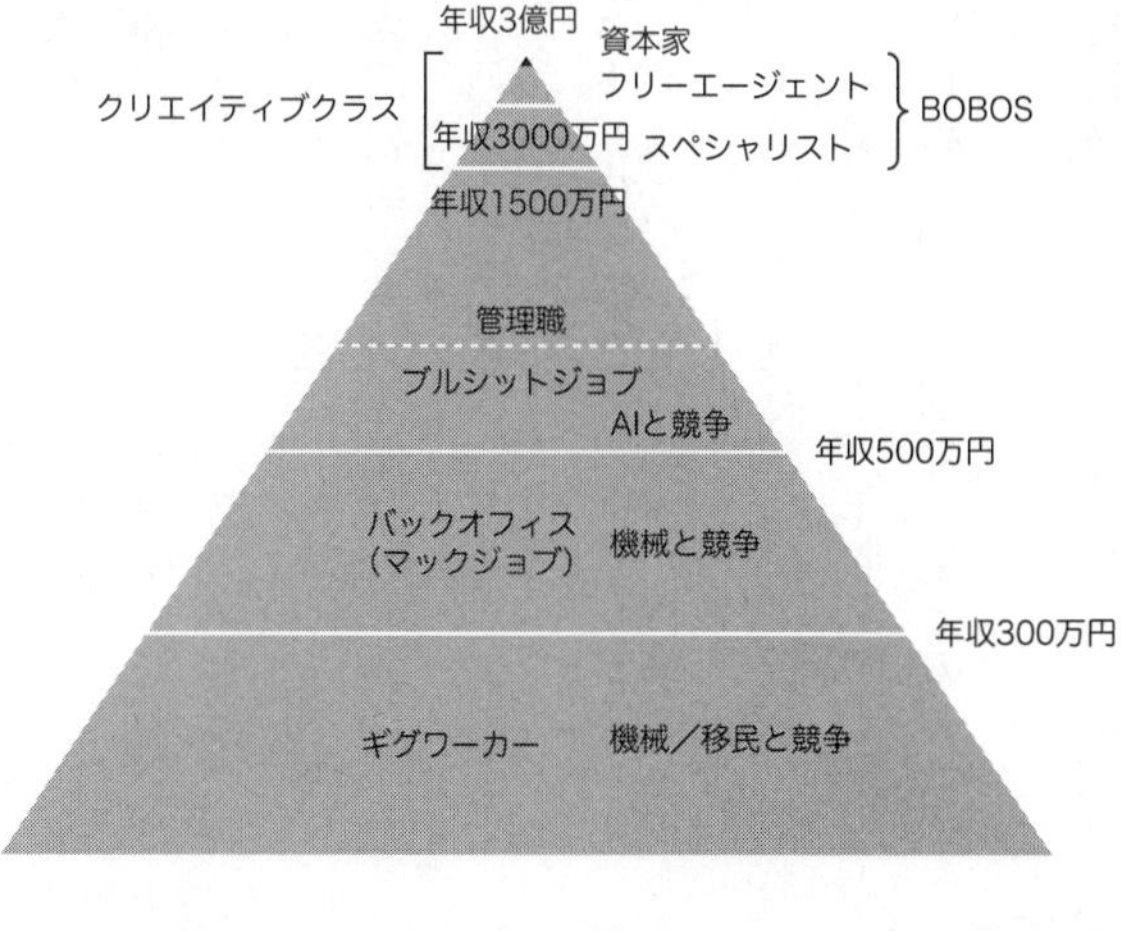

層化する働き方の実態を図示してみましょう（図表13）。

頂点にいるのは資本家ですが、グローバル資本主義では、その多くはドナルド・トランプのように親の事業や財産を受け継いだのではなく、スティーブ・ジョブズやビル・ゲイツ、あるいはグーグルやアマゾン、フェイスブックなどプラットフォーマーの創業者のように、起業によって莫大な富を手にしたひとたちです。彼らは数千億円、数兆円、あるいは数十兆円相当の株式を保有しており、その配当から巨額の収入を得ています。

その下に位置するのがクリエイティブクラスで、（成功した）クリエイターと高報酬のスペシャリストから構成されています。この階層ではフリーエージェント化が進んでいますが、スペシャリストの多くはいまだに会社に所属しています。とはいえ、ネットフリックスやグーグルの人事制度で見たように、彼ら／彼女たちはプロスポーツ選手のような感覚で仕事を選んでいます。年収も数千万円から1億円を超えることもあり、20代で働きはじめて10年程度で一生分のお金を稼いでしまいます。

クリエイティブクラスはニューリッチ（新富裕層）で、BOBOS（ボボズ）

とも呼ばれます。ブルジョア（Bourgeois）とボヘミアン（Bohemian）を組み合わせた造語で、ニューヨーク・タイムズのコラムニスト、ディヴィッド・ブルックスが名づけました。

典型的なBOBOSは夫婦とも高学歴で、リベラルな都市かその郊外に住み、経済的に恵まれているもののブルジョアのような華美な暮らしを軽蔑し、かといってヒッピーのように体制に反抗するわけでもなく、最先端のハイテク技術に囲まれながら自然で素朴なものに最高の価値を見いだすとされます[31]。

クリエイティブクラスの上位層は生きていくのに必要な額を大きく上回る資産を形成していて、働くのは自己実現あるいは社会貢献のためです。アメリカの資産分布でいえば、最低純資産額が4億円超の上位1％がここに含まれるでしょう。

クリエイティブクラスの下には、複雑化する一方の市場参加者の利害関係を調整し、潤滑油となる「管理職」が位置します。彼ら／彼女たちは専門職として相応の報酬を得ていますが、かたちのあるものを生み出しているわけではなく、仕事の内容があまりに細分化されたこともあって「ブルシット化」しています。将来的にも、会社に所属して働くひとの多くがここに含まれるでしょう。

管理職の下に位置するのがバックオフィスで、組織に所属しながらマニュアルに従った仕事（マックジョブ）に従事しています。その仕事の性質上、この層は機械との競争に真っ向からさらされる可能性が高く、男性労働者が従事していた製造業などでは雇用の喪失が加速度的に進んでいます。それに対して女性が優位性を持つ看護師・介護士など共感を必要とする仕事（感情労働）は機械との共存が可能で、その結果アメリカでは、ピンクカラー（女性が主体の仕事）の平均給与がブルーカラー（製造業）を逆転したといわれます。これからは女性が働き、男性が扶養される家庭も増えてくるでしょう。

バックオフィスの下にはギグワーカーが位置します。ウーバーのドライバーが典型ですが、かつては組織（タクシー会社）に属して働いていたひとたちが、テクノロジーの進歩によって顧客と直接つながるようになり、フリーエージェント化してきました。ギグワーカーの仕事は低スキル・低賃金で、機械（自動運転車）だけでなく移民とも競合するため、「底辺への競争」にさらされています。

アメリカの所得分布をもとにおおよその年収を示しておくと、ギグワーカーが年収300万円以下、バックオフィスが年収300万～500万円、「管理職」が年収500万～1500万円、クリエイティブクラスのうち組織で働くスペシャリストが年収1500万～3000万円、フリーエージェントとして仕事ができるだけの専門性・クリエイティビティを持つ層が年収3000万円超、資本家は株式の配当などで最低でも年収3億円超になるでしょう。

こうした働き方の階層化は知識社会化・グローバル化の必然なので、欧米だけでなく日本もいずれ社会の大規模な再編が避けられません。そのときになにが起きるかはまだわかりませんが、ひとつだけ確かなことがあります。

「前近代的な身分制」の産物であるサラリーマンは、バックオフィスの一部、中間管理職、スペシャリストの一部が渾然一体となったきわめて特殊な「身分」です。こうした働き方はグローバルな雇用制度では存在する余地がありません。

あと10年もすれば、サラリーマンは確実に絶滅することになるのです。

4

「未来世界」で生き延びる方法

世界は急速に「未来」に向かっているにもかかわらず、日本人（サラリーマン）の働き方はあいかわらず前近代的な「身分制」にとらわれたままです。この気の遠くなるような矛盾が私たちの直面している現実なのですが、そんな世界をどのように生き延びていけばいいのでしょうか。

それについて述べる前に、これがきわめて困難な問いであることを釈明しておきましょう。

トーマス・フリードマンはアメリカのジャーナリストで、オックスフォード大学で中東学の修士号を取得したのち、UPI通信やニューヨーク・タイムズの支局員としてベイルートに派遣され、イスラエルのレバノン侵攻やパレスチナ人の抵抗運動インティファーダを取材してピューリッツァー賞を受賞しました。2000年以降は市場のグローバル化に関心を移し、『レクサスとオリーブの木』（草思社）や『フラット化する世界』（日本経済新聞出版社）は日本でもベストセラーになりました。20年以上にわたってニューヨーク・タイムズのコラムニストとして活躍しており、世界でもっとも著名な言論人の一人です。

そのフリードマンの『遅刻してくれて、ありがとう』（日本経済新聞出版社）

は、日本版の副題が「常識が通じない時代の生き方」ですが、原書では「加速する時代2・0で繁栄する楽観主義者のガイド"An Optimist's Guide to Thriving in the Age of Accelerations Version 2.0"」となっています。

雇用の完新世は終わった

『遅刻してくれて、ありがとう』というのはなんとも奇妙なタイトルですが、フリードマンがカフェなどを取材場所に指定したとき、渋滞や電車の遅延などで相手が遅れてくることがときどきあって、恐縮するひとにいつも"Thank you for being late."と答えているからだといいます。これは皮肉でもなんでもなく、締切に追われるフリードマンにとって、カフェで所在なく取材相手を待つのは、自分の考えをじっくりまとめることができるきわめて貴重な時間なのです。

「加速する時代2・0」というのは、テクノロジーの指数関数的な性能の向上を背景に、あらゆることがものすごい勢いで変わっていくことを表わしています。

フリードマンはアメリカの大学の研究者やシリコンバレーの起業家・投資家・エ

ンジニアなどを精力的に取材し、われわれが「スーパーノバ（超新星）」ともいうべき科学・技術革命の時代を生きていることを説得力をもって示したうえで、加速する時代では「雇用の完新世は終わった」と結論づけます。

地質年代においては、最終氷期のあとで農耕が始まった約1万年前から現在にいたるまでが完新世で、この時期にヒト（サピエンス）は空前の繁栄を謳歌しました。同様に「雇用の完新世」では先進国に〝高給で中スキルの仕事〟がたくさんあり、ブルーカラーの労働者は自宅近くの工場に真面目に通い、仲間たちと誇りをもって「ものづくり」をし、労働組合に守られながら家族を養っていくことができました。しかしいまや「雇用の人新世《じんしんせい》（アントロポセン）」とも呼ぶべき新しい時代が到来し、ミドルクラスの仕事が急速に失われています。

人新世にも雇用はありますが、そこでは「3つのR――読み（リーディング）、書き（ライティング）、算数（アリスメティック）」だけでなく、「4つのC――創造性（クリエイティビティ）、共同作業（コラボレーション）、共同体（コミュニティ）、プログラミング（コーディング）」のスキルが必須になるとフリードマンはいいます。

このとてつもない変化に遅れないようついていくには、すべての労働者が「生涯教育」によってスキルを高めていかなくてはなりません。そのためにはＡＩ（人工知能）を人間の競争相手にするのではなく、知的支援（インテリジェント・アシスタンス）のような「ＩＡ」に変えて、職務に必要なスキルを低コストで身につけられる教育機会がすべてのひとに与えられるようにしなければならないのです――。

これが、アメリカのリベラルな知識人のなかでも、もっとも優秀で誠実な一人であることはまちがいないトーマス・フリードマンの回答です。あなたはこれを読んでどう感じたでしょうか。

最初に私の感想をいいましょう。

「バカげている」

「やればできる」グロテスクな未来

『LIFE SHIFT ライフ・シフト　１００年時代の人生戦略』（東洋経済新報社）

のリンダ・グラットンも、「技術が進化すれば、人間も変わらなければいけません。技術についていくために、また人間にしかできない仕事をするために、学び続けるのです」と述べています。[32] フリードマンだけでなく、すべてのリベラルな知識人が、「AIの時代に生き延びるために機械を超える能力を獲得しろ」とわたしたちを叱咤します。

しかし、こんなことがほんとうに可能なのでしょうか。

人生100年時代に「生涯教育」をしようと思えば、1世紀にわたって最新知識を学びつづけなくてはなりません。私のプログラミングの知識はExcelのVisual Basicを使って簡単なトレーディングソフトを自作したことがあるだけですが（それも20年ちかく前）、そんな人間がこれからコーディングを勉強して、IT企業でデジタルネイティブの若者たちと机を並べてエンジニアの仕事ができるようになるでしょうか。

これが可能だとほんとうに信じているのなら、工場が閉鎖されたラストベルトに吹きだまり、フェイクニュースを信じてトランプに投票し、アルコールやドラッグで「絶望死」している白人たちにIA（知的支援）をほどこして、リベラルしかいないシリコンバレーのIT企業で働けるようにすればいいでしょう。アメリカのリベラルは反トランプのデモなどやる必要はなく、さっさとトランプ支持者を「教育」すべきです。

これがいかにバカバカしいかはちょっと考えれば誰でもわかるでしょうが、リベラルには「教育」を聖杯として掲げなければならない理由があります。それは、知能やスキルが教育＝環境によって向上させられないとすると、それが遺伝によって決まることを認めるほかないからです。

認知科学の領域では、知能は（かなりの程度）遺伝するという膨大な知見が積み上がっていますが、原理主義的なリベラルは、「肌の色以外は人間はすべて平等であるべきだ」というPC（政治的正しさ）に固執しているためこの事実を受け入れることができません。とはいえ、現実に「加速する時代」が要求する職業スキルを獲得できないひとたちがいることも否定できません。

生得的な知能の差を無視してこれを説明しようとすると、残された理由はひとつしかありません。「やる気がない」です。なぜなら、すべてのことは「やればできる」はずだから。

これは私の「リベラル」に対する偏見ではありません。論理的にこうなるほかないことは、大手企業（AT&T）で社内教育を担当するリベラルな経営幹部（最高戦略責任者）がフリードマンに語った次の言葉からも明らかです。

「生涯学習をやる覚悟があれば、生涯社員になれます。私たちは社員に（教育）プラットフォームを与えますが、参加を決めるのは本人です」

「会社には、社員が目標に到達するためのツールとプラットフォームを用意する責任があります。選択とモチベーションは、個人の役割です。私たちがプラットフォームを提供しなかったために、「そうせずに」会社を辞めるようなことが、あってはなりません――モチベーションがなかったからそうなるのだということを、はっきりさせる必要があります」

ひとを知能によって差別してはならないとするリベラルの理想世界では、すべてのひとがモチベーション（やる気）によって差別されることになります。デジタル・デバイドが解消されれば、次にやってくるのはモチベーション・デバイドです。――ついでに、「教育」の重要性を説くリベラルな知識人の大半が教育者であることも指摘しておきましょう。この（生得的に）知能の高いひとたちは、

「教育」の価値が高まることで直接的な利益を得る立場にあります。

強大なテクノロジーを手にしたリベラルが理想を追求すれば、「やってもできない」人間は生涯学習の「社会契約」に違反したと見なされ、自己責任で社会の最底辺に突き落とされるグロテスクな未来が到来することになるのです。

「好きなことで生きていく」しかない残酷な世界

現代アメリカでもっとも著名で良心的なジャーナリストが世界最高の知性を取材して得た結論が、「生涯学習できない人間が落ちこぼれるのは自己責任」というのは衝撃的です。さらに、邦訳で上下巻合わせて800ページを超えるこの本の後半3分の1で、フリードマンは生まれ故郷のミネソタの話をえんえんと始めます。

ミネソタ州ミネアポリス郊外のセントルイスパークはユダヤ系にも寛容な土地で、そのゆたかなコミュニティこそが「アメリカ」の本質だとフリードマンはいいます。「白熱教室」で有名なコミュニタリアン（共同体主義者）の哲学者マイケル・サンデル（『これからの「正義」の話をしよう』）が同郷の友人で、その強い思想的影響もあって、「よきコミュニティこそがよき政治とよきひとびとを生み出す」と強く信じているのです。こうして、「加速する時代」に必要なのは自分が生まれ育った1950年代の「古きよきミネソタ」だというなんとも奇妙な話になっていきます。

日本でも「田舎」や「故郷」が無条件に素晴らしいというひとはたくさんいますから、アメリカに同じような知識人がいても驚くことはないのですが、それでもこの力作を読み終えて不思議に思ったのは、どのようにしたら「トランプの時代」に半世紀も前のミネソタが復活するのかまったく書かれていないことです。これでは、「強く願えば夢はかなう」と約束するあやしげな自己啓発本とたいして変わりません。

そう考えれば、（フリードマンの意に反して）『遅刻してくれて、ありがとう』というタイトルには別の含意があることがわかります。1953年生まれのフリードマンは、時代がとてつもない勢いで加速する現実を目の当たりにして驚愕し、「スーパーノバ（テクノロジー爆発）」に対して「遅刻してくれて、ありがとう」といっているのです。なぜなら、すでに功成り名を遂げ、じゅうぶんな資産を築き、高みから「スーパーノバ」が引き起こす阿鼻叫喚《あびきょうかん》を眺めることができるのですから――というのは、やはり皮肉が過ぎるでしょうか。

そこでここでは、すこしちがった視点からこの問題をとらえ、より具体的なアドバイスを試みてみましょう。

「人生100年時代」にもっとも重要なのは、好きなこと、得意なことを仕事にすることです。嫌いな勉強を1世紀もつづけることなど誰にもできませんが、好きなことや得意なことならいくらでもできるからです。医師の日野原重明《ひのはらしげあき》さんが105歳まで患者の診療をつづけたのは天職であり使命だと考えたからでしょうが、それに加えて医師の仕事が好きだったからにちがいありません。

「好きなことで生きていく」というと、「そんな甘いことが通用するはずがない」という批判がかならず出てきます。そのようにいうひとは、労働とは生活のための必要悪であり、「苦役」であると考えています。しかしそうなると、人生100年時代には、20歳から80歳までのすくなくとも60年間、労働という苦役をやりつづけなくてはならなくなります。私には、こんなことができる人間がいると考える方が荒唐無稽としか思えません。

人生100年時代には、原理的に、好きなこと、得意なことをマネタイズして生きていくほかありません。もちろん、すべてのひとがこのようなことができるわけではありません。だから私は、これを「残酷な世界」と呼んでいます。

長く働く、いっしょに働く

私たちが市場で富を獲得する方法は、原理的に①金融資本を金融市場（不動産市場を含む）に投資するか、②人的資本を労働市場に投資するかの2つしかありません。人的資本は働いてお金を稼ぐ能力で、年齢とともに減っていき、健康上の理由などで働けなくなったときにゼロになって、あとは金融資本を運用して生活することになります。「ひとは誰もが最後は一人の投資家になる」のです。

このことが理解されていないのは、大半の高齢者が年金に依存して暮らしているからです。このひとたちは個人（国民）の金融資本の運用を国家（日本国）にアウトソースしているので、国家が運用に失敗したり、少子高齢化によって年金制度が破綻すると生きていけなくなってしまいます。年金が月に100円減額されたといって大騒ぎするのは、傍から見れば滑稽に思うかもしれませんが、高齢者がそれ以外の「資本」をすべて失っていることを考えれば当然です。

そしてここには、もうひとつ重要な真理が隠されています。それは、「健康上の問題などで働けなくなるまでは、誰でも人的資本を活用できる」ということです。欧米や日本のような労働者の平均賃金が高い先進国では、ゆたかになれるかどうかは金融資本の運用よりも、人的資本をどのように活用できたかで決まります。

人的資本を使って富を増やす方法は、原理的に3つしかありません。

①人的資本を大きくする
②人的資本を長く運用する
③世帯内の人的資本を増やす

「人的資本を大きくする」というのは、資格を取ったり能力を高めて「もっと稼げる自分になる」ことで、要するに「自己啓発」です。年収300万円が500万円、1000万円になれば大きな達成感が得られますから、この方法はものすごく人気があり、書店のビジネス書コーナーには「自己啓発本」が山のように積まれています。

ただし、この自己啓発戦略がうまくいくかどうかは本人の努力・能力・運次第です。それに対して②と③の方法は、達成感はあまりないかもしれませんが、「誰でもできて確実に収入を増やせる」という顕著な特徴があります。

「人的資本を長く運用する」とは、要するに、長く働くことです。

一部のフィナンシャルプランナーが「安心して老後を過ごすなら60歳の退職時点で持ち家と5000万円の金融資産が必要」などというために、シニア層のあいだで不安が広がっています（その後、金融庁の報告書が、高齢者無職世帯の家計は2000万円不足すると述べて社会問題になり、報告書が撤回されました）。

とはいえ、問題なのはこの試算がまちがってはいないことです。

人生100年を前提にするならば、60歳からの「老後」は40年、夫婦2人なら計80年です。5000万円を80年で割れば、1人当たりわずか年62万5000

円、1カ月当たり5万2000円にしかなりません。金融資産5000万円というと富裕層をイメージするでしょうが、年金にこれを加えたお金で長い老後を生きていかなくてはならないとしたら、けっして余裕があるわけではないのです。

「どうせそんなに長生きしないよ」というひともいるでしょうが、平均寿命が100歳に近づくということは、それ以上に長生きするひとが半数近くになるということでもあります。100歳のときに貯金が枯渇し、おまけに日本の年金制度が破綻したら、いったいどうやって生きていけばいいのでしょうか……。

こうして「定年後」が日本の大問題になるのですが、これにはものすごくシンプルな解決法があります。

60歳の定年後も、専門性を活かして年収300万円の仕事があるとすれば、70歳までの10年で3000万円、80歳まで20年働けば6000万円です。老後問題というのは「老後が長すぎる」という問題なのですから、生涯現役なら「問題」そのものがなくなってしまいます。

これは1＋1＝2みたいな単純な話ですから、定年のないアメリカやイギリスをはじめとして、欧米諸国ではすでに「長く働く」ことが人生設計の前提になってきています。

それに対して「世帯内の人的資本を増やす」とは、要するに共働きのことです。戦後の日本社会は、夫がサラリーマンとして働き、妻は専業主婦という家族をモデルにしていましたが、妻が月額20万円、年240万円のパート仕事をするだけでも10年で2400万円、20年なら4800万円です。子育てが一段落した40歳から働きはじめれば、夫が60歳で定年になるときには5000万円の金融資産が手元にある計算になります。

もちろん、妻が60歳で仕事を辞めなければならない理由はありません。定年後も夫は月額30万円、妻が月額20万円の仕事をつづければ、世帯年収は600万円(月50万円)ですから、70歳までの10年でさらに6000万円、80歳までの20年なら1億2000万円になります。これなら、たとえ日本の年金制度が破綻してもなにひとつ不安に思うことはないでしょう。

このように、共働きの経済効果はきわめて強力です。人生100年時代の人生設計は、「長く働く、いっしょに働く」以外にないのです。

「専業主婦は2億円損をする」で炎上

人的資本は社会に出た20代前半がもっとも大きく、年とともにだんだん減っていって、やがてゼロになります。そう考えれば、若いときに仕事を辞めてしまうのはものすごい損失です。ところが、日本の社会にはこのような非合理的な選択をするひとたちがものすごくたくさんいます。それが専業主婦です。

日本では女子高生に将来の夢を訊ねると「お嫁さん」と答え、20代の女性へのアンケートでは4割以上が「結婚後は夫は外で働き、妻は主婦業に専念すべきだ」と考えています。そこで、「こんな社会はぜったいおかしい！」という女性編集者に勧められて『専業主婦は2億円損をする』（マガジンハウス）という本を書いたのですが（その後、『2億円と専業主婦』と改題して新書版になりました）、発売直後から「炎上」を体験することになりました（なぜ私に白羽の矢が立ったかというと、日本では専業主義批判はタブーとされており、こんな企画を引き受ける女性の著者はいないからだそうです）。

Yahoo! ニュースに本の紹介が掲載されたときは、わずか数時間で34万ページビュー、1000件のコメントがつきましたが、そのほとんどが専業主婦と思《おぼ》しき方からの批判でした。すべてに目を通したわけではありませんが、お怒りの理由はかなり定型化されていて、ひとつは「女がそんなに稼げるわけがない」、もうひとつは「好きで専業主婦をやってるわけじゃない」です。

2億円というのは、もちろん私が勝手に決めた数字ではありません。厚生労働省所管の調査機関、労働政策研究・研修機構のデータで、大学・大学院を卒業した平均的な女性が正社員として60歳まで働いたときの生涯賃金は2億1800万円となっています。この金額には退職金は含まれておらず、いまは年金が支給される65歳まで再雇用で働くのがふつうですから、それを加えれば専業主婦になることで失う収入は2億5000万円から3億円ということになります。

子育てが一段落してから働く女性も増えています。ニッセイ基礎研究所の試算によれば、大卒女性が2度の出産を経て正社員として働きつづけるとして、育休や時短を利用しても生涯収入は2億円を超えますが、第1子出産後に退職し、第2子の子育てが落ち着いてからパートで再就職した場合の生涯収入は6000万円にとどまります。[33] 1億4000万円もの差が生じる理由は、日本では専業主婦が再就職してもパートや非正規の仕事しかないからです。

ここからわかるのは、専業主婦になって2億円をドブに捨てることはもちろん、いったん会社を辞めて、子育て後にパートで働いたとしても、その損失はとてつもなく大きいということです。

もちろん、「夫や子どもへの愛情は2億円を超える！」という女性はいるでしょう。でもその一方で、家庭生活に満足している女性の割合を国際比較すると、共働きが当たり前のアメリカでは67％、イギリスでは72％の女性が「満足」と答えているのに、日本はたった46％というデータもあります。[34]

若い女性の多くが専業主婦に憧れ、その夢を実現したにもかかわらず、彼女たちの幸福度はものすごく低いのが日本の現実です。これが「好きで専業主婦をやってるわけじゃない」という批判が出てくる理由でしょう。

意外だったのは、女性向けのメディアだけではなく、50代の男性向けの雑誌や若いビジネスパーソンのためのメディアからも取材を受けたことです。出版社には、「専業主婦願望の強い彼女に読ませます」という反響も来ているそうです。

専業主婦の家庭には、家事・育児を妻に丸投げして会社に滅私奉公する夫がいます。そんな男たちはいま、定年後の人生に大きな経済的不安を抱えています。50代のサラリーマンがどれほど必死に働いても、これから収入を増やすのはきわめて困難です。「専業主婦問題」は夫の問題でもあるのです。

そんな男たちは、経済的不安を解決するには妻に働いてもらうしかないと気づいていています。しかしそれを自分から言い出すことができず、深夜のキッチンにこっそり私の本を置いておこうと考えるのでしょう。

不安感が大きいという日本の病理

「専業主婦は2億円損をする」というのは、「地球は丸い」のと同じたんなる事実です。女性の就業率が100%にちかい北欧などでは「なに当たり前のことといっているの」と相手にもされないでしょう。それが日本で「炎上」するのは、「夫が外で働き妻が家を守る」という前近代的な性別分業が行き詰まっていることにうすうす気づいていながら、それを変えられない自分を否定されたと感じるからでしょう。

しかしこれは、「だから日本の女はダメなんだ」という話ではありません。同じように事実を指摘しただけで激怒するひとたちがほかにもいるからです。

私は10年ほど前からツイッターを始めて、基本は旅とサッカーの話なのですが、ここで述べたようなことをときどきつぶやくことがあります。たとえば、「これから生涯現役社会が到来する」という話題で、「65歳で定年を迎えてから、年収300万円の仕事をつづければ、75歳までに3000万円になる」と書いたとします。当たり前の話だと思うでしょうが、なんとこのコメントに対してお怒りが殺到するのです。その大半が、「高齢者に年収300万円の仕事なんかない」というものです。

すぐに気づくように、これは「女に（生涯）2億円も稼げるわけがない」というお怒りと同じです。なぜこんなことですぐに炎上するかというと、昼間からネットを見ているようなひとたちはそもそも人的資本が小さい（だからこそ働いていない）という事情があるのかもしれませんが、それ以前に日本人がものすごくネガティブだからでしょう。だからこそいろんなことを悪い方に考えて、ありとあらゆるポジティブな提案に対して「そんなのできるわけない！」と怒り出すのです。

そのことをよく表わしているのが、「病気になったらどうするんだ？」という反論です。もちろん健康でなければ働けない（あるいは働くことが困難になる）のですが、そんなことをいっていたら、「交通事故にあったらどうするんだ？」といって外出すらできなくなります。さらに不思議なのは、これほどまでにネガティブなひとたちが、交通事故にあうよりはるかに確率の低い宝くじで7億円当たることを夢見て、財布を握りしめて宝くじ売り場に長蛇の列をつくっていることです。

不安感が大きいというのは日本社会に深く根づいた「病理」で、その結果、会社に「安心」を求めて終身雇用にこだわり、自分たちでタコツボをつくって苦しんでいるわけですが、これは逆にいうと、まわりがみんなネガティブなのだから、ポジティブな選択をするとものすごく有利になるということでもあります。

それではここで、私の知っている「勇気の出る話」を紹介しましょう。

50歳から働きはじめて5000万円

ある新聞の読者投稿欄に寄せられた専業主婦からの質問が話題になりました。子育ては終わったけれど、外で仕事をするより家事の方が好きな女性です。ところが周囲のママ友たちはいつの間にか全員働いており、「どうしてあなたは働かないの?」と聞かれるたび、責められているような気持ちになってしまうのだそうです。それで、「私はまちがっているのでしょうか」というのが質問の主旨でした。「専業主婦が幸福」という日本人の価値観が変わりつつあることがよくわかります。

専業主婦とは家事と子育てを「専業」にする女性ですから、子育てが終わると主婦としてのアイデンティティは失われてしまいます。そこで多くの女性が、別の場所にアイデンティティを求めて働くようになります。

私の知人の女性は大学卒業と同時に結婚し、すぐに2人の子どもが生まれて、いちども働いたことがありませんでした。夫は高収入のサラリーマンで経済的にはとくに不満はなかったのですが、2人目の子どもが大学に入った頃から「燃え尽き症候群」に陥ってしまいます。家に一人でいてもやることがなく、自分が社会や家族に貢献しているという実感がなにもないのです。

そこでまわりの勧めもあって、50歳ではじめて働くことにしました。職場は通信教育の会社で、非正規社員として英語の答案採点をしていたのですが、3年ほど経つうちに若手社員に仕事の手順をアドバイスするようになりました。

じつは彼女は、大学院で外国語の修士号をとっていました。それで教育関係の会社に派遣されたのですが、頼りにされたのは専門知識があったからではありません。その会社の若手社員は20代前半で、彼女の子どもとほぼ同じ年代でした。彼女にしてみたら、自分の子どもやその友だちの相手をするのと同じ感覚で、若手社員の方も母親から注意されるようなものなので、上司の指導や叱責とはちがって素直にいうことを聞けるのです。

こうして若手社員の世話をしていると、こんどは新任の管理職が彼女のところに仕事のことを聞きにくるようになりました。日本の会社は社員を頻繁に異動・転勤させるので、まったく畑違いのところに送られて戸惑うことは珍しくありません。部下に教えを乞うのは抵抗がありますが、長く勤めている非正規の女性(それもずっと年上)なら、妙なプライドを捨てて「わからないから教えてください」といえるのです。

こうして5年ほど経つうちに、その職場は彼女なしには回らなくなりました。そして、これは私もほんとうに驚いたのですが、一部上場の大手教育会社が、55歳の非正規の彼女に対して「正社員になってくれないか」といってきたのだそうです。彼女は、「正社員はヘンな責任があるし、休みを自由にとれないから面倒くさい」とこの提案を断ったそうですが。

それでも彼女は、いまも契約社員の最高ランクの時給で働いています。時給はだいたい2500円から3000円くらいでしょうから、フルタイムで働けば年収500万円です。仮に週に3日ほどでも年収200万円から300万円にはなりますから、15年働いたことですでに3000万〜4500万円の「超過収入」を稼いだことになります。彼女は現在60代半ばですが、「70歳までは働きたい」といっているので、生涯収入は5000万円を超えるでしょう。

人手不足が深刻化する日本では、「年をとったら使い捨て」なんてことはもうできなくなりました。そこそこの能力と気配りができれば、50歳までいちども働いた経験のない女性でもじゅうぶん人的資本を開花させることができるのです。

60代後半でベンチャー企業の顧問

次はゲームの開発会社を立ち上げた若い起業家から聞いた話です。

あるときアメリカの会社から、彼が開発したゲームの販売契約を結びたいというメールが届きました。はじめてのことでびっくりした彼は、どうしたらいいかわからず、海外企業との契約を専門とする法律事務所に相談しましたが、目の玉が飛び出るような料金を提示されて驚愕します。だからといってせっかくの機会をあきらめる気にもなれず、藁《わら》をもつかむ思いでクラウドソーシングのサイトに登録してみたといいます。クラウドソーシングというのは、ネットを通じて仕事を仲介するサービスで、ふつうはちょっとしたアルバイト業務に使われるので、ほとんど期待していませんでした。

ところがその日のうちに、「私がやってもいいですよ」というひとが現われました。あまりに軽いノリなので、ほんとうに専門的な法律の知識があるのか半信半疑のまま資料を送ったところ、3日後には、先方から提示された契約のどの条項の修正を求めるべきかという詳細なアドバイスと、こちらが提示する英文の契約書のドラフトが送られてきました。しかもその報酬はたった3万円でした。

若い起業家はびっくりして、住所を聞いて会いにいったといいます。東京郊外の質素な家に暮らしている60代後半の男性でしたが、話を聞いて事情がわかりました。大手電機メーカーの法務部で長年働いていて、何百件もの海外企業との契約を扱ってきたというのです。

この男性の場合は経済的な理由というより、退職後のヒマつぶしにクラウドソーシングに登録していて、面白そうな案件だったから引き受けてみた、ということでした。若い起業家は自分の幸運が信じられず、その場で頭を下げ、三顧の礼で顧問になってもらったそうです。

最後は出版関係の知人から聞いた話です。

その出版社では早期退職の勧奨を頻繁に行なっていて、経営陣と折り合いが悪かった男性社員が50代前半で退職しました。これからどうするのかみんな心配しましたが、クラシック音楽が好きだったこともあって、音楽関係の募集に片っ端から応募したところ、関東の地方都市の小さなコンサートホールで働くことになったといいます。ところがそれから5年もしないうちに、2度の転職を経て、東京の大きなコンサートホールの広報責任者に迎え入れられたのです。

その男性は雑誌の編集をしていたので、コンサートのチラシやパンフレットの制作はお手のものです。それが評価されたのかと思ったのですが、理由はほかのところにありました。

男性が友人たちに語ったところによると、音楽業界は（自称）芸術家ばかりで、ビジネス感覚のある人間はほとんどいないのだといいます。予算を管理したり、さまざまな部門のスタッフを動かしてものごとを進めるという、雑誌づくりなら当たり前のことでも、それができるだけで周囲から驚かれます。その仕事ぶりが評判になって、「うちで働かないか」という誘いが次々と来るようになり、あっという間にキャリアアップしていったのだそうです。

どうでしょう？「女がそんなに稼げるわけはない」とか「高齢者にそんな仕事があるわけがない」とかいっていないで、ポジティブに挑戦してみた方が人生は楽しいのではないでしょうか。

スペシャリストは会社の看板を借りた自営業者

初対面の会話で「お仕事はなんですか？」と聞くのは世界共通です。このとき日本人は会社名を答えるのがふつうですが、そうすると海外ではものすごく驚かれます。たとえば「トヨタで働いています」と答えたら、それはトヨタの工場で自動車の組み立てをやっているという意味になります。

日本以外では、仕事（プロフェッション）とは、「車のエンジンを設計している」「医薬品の広報をしている」など、自分の専門性のことです。会社で法務を担当している人は「Lawyer（法律家）」ですし、経理を担当しているなら「Accountant（会計士）」です。

これはメディアも同じで、海外では「政治ジャーナリスト」などまず自分の専門を答え、「どこに記事を書いているのか？」と訊かれてはじめて新聞や雑誌の名前をいいますが、日本ではほぼ１００％、「私は朝日新聞」などと会社名を答えます。同じ「ジャーナリスト」と名乗っていても、海外と日本ではまったく異なる「職業」なのです。

スペシャリストとは、エンジニアやマーケター、トレーダー、弁護士や会計士などなんらかの専門を持っているひとたちです。会計士の資格があると、会計事務所に所属する、自分で開業する、どこかの会社で経理の仕事をする、という仕事の選択肢が生まれます。日本では3つめの選択を「会社員＝サラリーマンになる」といいますが、海外ではそんな常識はまったくなく、自分の専門性をどのようにマネタイズするかのちがいがあるだけでこの3つの働き方は等価です。

スペシャリストは「会社の看板を借りた自営業者」で、会社の経理部で働いていても、それは自分の専門性に対して雇用契約を結んでいるのであって、ちがう分野の業務をすることなど考えられません。だから、「経理部から営業部に異動になった」などと聞くと海外のビジネスパーソンは腰を抜かさんばかりに驚きます。

医師はスペシャリストの典型ですが、やはり日本と海外では働き方が異なります。日本では病院に所属する医師は「勤務医」と呼ばれるサラリーマンですが、海外の医師は病院という設備を借りて医療サービスを提供する自営業者です。

病気になると日本では「病院にかかる」といいますが、海外では「医者にかかる」のが当然です。病名が判明したら実績のある専門医を探し、その医師が所属する病院に予約を入れます（高い評判と専門性を持つ医師は治療費も高額になります）。

日本の場合、大きな病院では患者が治療を受けているあいだに担当医師が次々と代わるのがふつうですが、これを聞くと海外の医療関係者はショックを受けます。患者は医師を指名して治療を受けているのですから、勝手に担当を外れれば契約違反です。欧米でも医師が病院を移ることはありますが、その場合は患者もいっしょについていきます。日本の病院でこれをやると、「患者を奪った」と大問題になるようですが。

海外の「勤務医」は病院の機能をレンタルして、自分の名前（専門性）でビジネスしています。病院の収益は所属する医師の売上に比例しますから、高い治療費を取れる高名な医師に来てもらうにはスタッフを充実させ、施設や設備を豪華にしなければなりません。病院が患者からお金を集めて、医師に給料を払う日本とはまったく逆の発想なのです。

私は以前、タイのバンコクにある富裕層向けの病院を取材したことがあります。この病院は日本人患者専用デスクを設けているのですが、その責任者の前職は外資系ホテルのマネージャーでした。「一流ホテルのような病院をつくりたい」と考えた病院オーナーが、医療関係者ではなくホテルビジネスの専門家を引き抜いて患者へのサービスを任せているのです。

グローバルスタンダードでは資格と仕事が一体化している

グローバルスタンダードでは、資格と業務内容は一体化しているのが一般的です。法務を担当する人間なら弁護士資格を持っているか、すくなくとも法学部の学士であることが前提になります。経営幹部やマネージャーなら、いまではMBAを取得していることが当然とされるでしょう。その結果、キャリアパスの構築も日本とはまったく異なるものになりました。

高卒で入社した若者が優秀だったら、日本の会社では社内の昇進試験を受けるなどして中間管理職に進んでいきます。それに対して北欧の国では、昇進を目指す高卒社員は会社を休職するか勤務日を減らして大学に通い、マネジメントの学位を取得します。社内で昇進するために、一定の資格要件を満たしている必要があるからです。いったん学位を取ったら元の会社に復帰してマネージャーになることができますし、もっといい条件があれば他の会社に転職してもかまいません。大学で取得した資格は汎用的ですから、どの会社でも通用するのです。

北欧の国で大学の学費が無償化されているのは、会社が社員教育を大学にアウトソースしているからで、一般教養を教える日本の大学とは似て非なるものです。日本でも「大学教育を無償化しろ」と主張するひとたちがいますが、なぜかこの事実をぜったいにいいません。大学が高度な職業訓練学校になれば、日本の人文系の大学教員が教えている一般教養のほとんどは、「自分のお金でカルチャーセンターで勉強してください」となってしまうからです。

これもしばしば誤解されますが、学歴（専門）や資格が業務内容と一体化するのは「学歴主義」ではなく、それがもっとも公平に従業員を評価する方法だからです。専門性のない従業員を有資格者より優遇していると（日本の会社ではこういうことはよくありますが）、真っ先に差別を疑われます。それを否定するためには、社員の実績など、誰もが納得する合理的な理由がなければなりません。

キャリアというのは、自分の専門をどのように活かしてきたのかの履歴です。高い専門性があれば他社からヘッドハンティングの対象になるでしょうから、適度な転職は能力の高さの証明になります。アメリカのCEOの経歴を調べると4～5回転職しているケースがもっとも多いのですが、これはさまざまな異なる環境でも一貫して能力を発揮できたことを示しているからでしょう。日本の多くのサラリーマン経営者のように、ひとつの会社で「叩き上げる」のはいまでは無能のレッテルを貼られてしまいます。

東大法学部卒の学歴では相手にされない

日本の会社は「ゼネラリストを養成する」というお題目で社員をさまざまな部署に異動させるため、なにが専門なのかまったくわからない「サラリーマン」という奇妙な身分ができてしまいました。知識社会が高度化するにつれてより高い専門性が求められるようになり、「ゼネラリスト」がさまざまな場面でビジネスの障害になっています。

日本の会社が海外企業とコンテンツ契約を結ぶ場合、法務部が対応しますが、その社員は文学部や教育学部を出た学士です。それに対していまでは中国などアジアの会社でも、交渉を担当するのは国際法を学んだ弁護士資格者なのです。

しかしこれは、会社だけの問題ではありません。ほとんど知られていませんが、日本の官僚も国益を毀損しています。

私はこのことを東京大学の教授から聞きましたが、彼が顔面を紅潮させて憤るのは次のような話でした。

グローバルな会計基準や課税方法などについて作業部会がつくられると、日本からは経産省や財務省の官僚が出席しますが、こうした官僚の多くは東大法学部卒の学士です。これに対しほかの国からやって来るのは、ハーバードやスタンフォード、オックスフォード、ケンブリッジといった名門大学で経済学の修士号や博士号を取ったスペシャリストで、お互いが知り合いということも珍しくありません。会議のあとも、「あの先生、まだ元気?」とか、「そろそろノーベル経済学賞の候補になってもおかしくないよね」とかのアカデミックなムラ社会の話題で盛り上がっていますが、そうした会話のなかに日本の官僚はまったく入っていくことができません。

このようにして新しい国際基準の下案がつくられるのですが、それがしばしば「これじゃあ日本にものすごく不利じゃないか」と大騒ぎになります。こんなことになるのは、日本の官僚が決まったことをそのまま持ち帰ってくるだけだからです。なぜなら専門知識がなく、それ以前に英語にも自信がないので、会議のあいだじゅうひと言も話せないから。

しかし、この段階で「不公平だ」と怒ってもすでに手遅れです。各国の利害は作業部会で主張し、それを調整して下案がつくられているからで、それをあとになってから「やっぱり修正してくれ」というのはルール違反なのです。

こんな重大なことを国民はまったく知りませんが、それは日本の官僚が世界基準では「低学歴」で、国際社会では相手にされていないことがバレると自分たちの特権がなくなってしまうので、ひた隠しにしているからです。私にこの話を教えてくれた東大教授はこうした国際会議の実態を何度も目の当たりにして怒り心頭に発し、政治家にも繰り返し訴えたといいますから、すくなくとも政権幹部はこの問題に気づいているでしょう。

これを解決するには、日本の官僚制度を解体して、アメリカのように大学や民間の専門家が官庁の要職に就いたり、官僚が民間企業の幹部になったりする「リボルビングドア」にしなければなりません。じつは小泉政権のときにこうした官庁改革が試みられたのですが、国民の圧倒的な支持で「官邸支配」をしていたときですら、官僚の抵抗でなにひとつ変えられませんでした。

こうしていまでは政治家もあきらめてしまって、都合の悪いことはみんな「グローバリストの陰謀」にしているのでしょう。

厚労省はなぜ失態を繰り返すのか？

2019年、雇用保険や労災保険の算出にも使われる「毎月勤労統計」の不適切調査が国会で大きく取り上げられ、厚生労働省が強い批判を浴びました。じつは厚労省の「統計不正」はこれがはじめてではありません。

2018年2月に発覚した「不適切」な裁量労働制調査では、「1カ月でもっとも長く働いた日の残業時間（一般労働者）」と、「1日の平均的な労働時間（裁量制の労働者）」というまったく異なるデータを比較するという信じがたいミスを犯していました。

こんなことになるのは、野党が批判するように、「裁量労働制の拡張」という結論が先にあって、官邸の意向を「忖度《そんたく》」して都合のいいデータを適当につくったからでしょう。

しかしそれでも疑問は残ります。もしそうなら、素人でもわかるようないい加減なことをするのではなく、もうちょっと高度な「偽装」をすればいいだけだからです。

この謎の答えは、（おそらく）ひとつしかありません。それは、「厚労省の官僚が経済学や統計学のなんの訓練も受けていない」ということです。そもそも彼らは、「異なるデータを比較してはいけない」ことすら知らなかったのです——信じられないかもしれませんが。

「ゼネラリストを養成するという名目でスペシャリスト（専門家）をいっさい養

成しない」という世界でも特異な日本的雇用慣行は役所も同じで、上司や部下が専門とはまったく関係のない部署から異動してくることは日常茶飯事です。県庁に勤める私の知人は、芸術文化振興の責任者から自治体病院の事務局長に異動しました。厚労省の統計部門の実態はわかりませんが、大学や大学院で統計学の専門教育を受けたスタッフなどほとんどいなかったのではないでしょうか。

毎月勤労統計の数々の不祥事は、統計の基礎すら知らない素人が集まっているからだと考えるとすっきり理解できます。

不正のきっかけは2004年に東京都から「全数調査が大変だから抽出に変更したい」と相談されたことですが、法律に違反するにもかかわらずあっさり認めてしまったのは、全数調査と抽出調査のちがいが理解できなかったからでしょう。

3分の1の事業所を抽出したなら、統計的処理をして全数調査と近似させなければなりません。小学生でもわかりそうなこんな初歩的な補正を行なっていなかったのはなにかの「陰謀」ではなく、たんに知識がなかったとしか考えられません。

その後、一部の職員が不適切な処理に気づき、全数調査の結果に近づけるよう工作するのですが、こんなことを気軽にやるのは、統計を自分たちの都合で勝手にいじっていいと思っていたからです。

不正が明らかになっても過去の経緯が不明なのは、組織的に隠蔽《いんぺい》しているというより、担当者が何人も代わって誰がなにをしたのかわからなくなっているのでしょう。過去の統計資料を廃棄していたことも明るみに出ましたが、これも悪気があるのではなく、「どうでもいい」と思った担当者が独断で捨てていたと考えるのが自然です。

マスコミはこの問題でさかんに安倍政権を批判しましたが、「忖度」を疑う前に、統計担当者がそもそも業務に必要な専門性を有していたかを調べるべきです(法学部の学士などがたくさんいそうです)。厚労省の職員は相次ぐ不始末の原因に「多忙」をあげているようですが、なぜ長時間労働になるかというと、能力を超えたことをやらされているからでしょう。自分がなにをしているかすらわからないのなら、「忖度」さえできません。

ではどうすればいいのでしょうか。問題の本質が専門性の欠如なのだから、解決策はかんたんです。

まず、統計を扱う部門をすべての省庁から切り離し、イギリスの国家統計局のような議会直属の独立機関に統合して、職員は統計の専門家を外部から採用します。そのうえでデータを公開し、世界中の専門家が利用・検証できるようにすれば、今回のようなくだらない出来事は根絶できるでしょう。

ただし、この改革を進めるとほとんどの官僚は仕事がなくなってしまいそうですが。

研究開発部門の仕事はベンチャーを買収すること

東証一部に上場している某大手健康食品メーカーの話で驚いたことがあります。新製品のプロモーションを請け負った業者が、製品についての詳細なデータを問い合わせたところ、回答が来るまで1週間以上待たされたそうです。この会社は社内に研究開発部門を持っていますから、本来であればすぐに回答できるはずなのですが。

不思議に思ってよくよく聞いてみると、じつはこのメーカーの研究開発部門は、もはや開発を行なっていないというのです。だったらなにをやっているのかというと、創薬ベンチャーの買収です。

実はその大手メーカーは、ベンチャー企業が開発する新製品をひたすらウォッチして、有望そうなものを見つけたら買収するか専属契約を結んで、ドラッグストアやコンビニなどこれまで開拓してきた販路に乗せて販売するというビジネスをやっていました。「メーカー」と名乗りつつも研究開発部門は空洞化しており、これではたんなる営業代行です。そのためデータを問い合わせると、いちいち開発元に照会しなければならないのでものすごく時間がかかるのです。

なぜこんなバカバカしいことになるかというと、終身雇用の日本の会社はタコツボ化していて、いったん悪い評判が立つとそれが定年までついてまわるからです。こうした環境で生き延びるための最適戦略は、いっさいリスクをとらずにひたすら失敗を避けることです。

こんなことではイノベーションなど起こせるはずはありませんが、経営陣がいくら叱咤しても社員を踊らせることはできません。その話を真に受けてリスクをとった先輩社員が、失敗の全責任を負わされて左遷され、飼い殺し同然に扱われている姿をみんな見ているからです。

とはいえ、新商品や新サービスがなければ会社は壊死《えし》してしまいます。だとしたら、残された方法はひとつしかありません。それが「イノベーションの外注」です。

じつはこれは、日本的雇用の会社にとってきわめて合理的な戦略です。

年功序列の会社では、ノーベル賞級の発明をしてもボーナスが数百万円増えるだけです。その代わり失敗は定年まで「終身」でついてまわるのですから、まともな知能の持ち主であればリスキーな研究開発なんてやろうとは思いません。かといって成果報酬で一部の社員に何千万円も給料を払うと、日本の会社（イエ）がなによりも大事にしている「社員の和」が壊れてしまいます。

しかしサラリーマンは、自分たちの小さなムラ社会のことしか気にしませんから、外部のベンチャー企業を買収して、20代の若者に何億円、何十億円払ったとしても「和」は壊れません。日本の大企業は構造上、リスクはすべて外部の人間にとってもらって、そのおこぼれを拾って生きていくしかないようにできているのです。
そしてじつは、日本の賢い若者たちはすでにこのことに気づいています。

「ぬるい日本」でさっさと億万長者になる

東京大学のある文京区本郷の周辺にはベンチャー企業がたくさん集まっていて、いまでは「本郷バレー」と呼ばれています。そこで起業を目指す若者に「なぜシリコンバレーに行かないのか」訊いてみたことがありますが、その答えは「コスパが悪い」でした。

グーグルやフェイスブックに匹敵する成功を手中にすれば何兆円という莫大なお金と世界的な名声が手に入るでしょうが、人生を楽しく暮らすのにそんな大金は必要ありません。シリコンバレーには世界中から「神童」「ギフテッド」と呼ばれる天才が集まっていますが、そんななかでも成功できるのは何千人に1人で、確率的には0・1％以下です。それに対して日本なら、ゲームやアプリを開発したり、シリコンバレーのイノベーションを日本風にカスタマイズして大手企業に売却するだけで数億円になるのだといいます。

日本は「失われた20年」を経ても世界第3位の経済大国だし、日本語という「非関税障壁」で外国企業の参入を困難にしています。だったら世界中の天才が集まるシリコンバレーではなく、「ぬるい日本」で億万長者になった方がいいと、本郷バレーの若者たちは考えているのです。

彼らの成功物語はだいたい同じで、VC（ベンチャー・キャピタル）に「こんなベンチャーを始めました」という案内を送ると「話を聞かせてください」という連絡が来て、自分たちの事業プランを担当者に説明します。次にまた別のVCが来るので、すでに最初のVCと話をしているというと、担当者の顔色が変わって「出資を検討させていただきます」となります。3社目のVCが来たとき、「2社のVCから提案をもらっています」と話すと、さらに真剣になって、最初は1000万円単位だった出資額があっというまに1000万円単位になります。

そうこうしているうちに、メーカーの研究開発部門が接触してきます。ここでVCから出資を受けて上場を目指すか、メーカーに会社ごと売却してさっさとお金持ちになるか悩むのですが、最近は上場のステイタスが落ちてきたので、会社を売却してとりあえず一生困らないくらいのお金を手に入れ、それから別のベンチャーを立ち上げるか、VCになってベンチャーに投資する側に回るのが流行っているようです。

これは外国人も同じで、日本で起業して成功した中国の若者のインタビューを読んだら、「シリコンバレーなら自分はぜったいつぶされていた。日本を選んだからこそ成功できた」と答えていました。考えることはみんないっしょなのです。

日本にも賢い若者はたくさんいるでしょうが、それでも競争率が低いのは、そうしたライバルの大半が会社（役所）というタコツボに閉じ込められているからです。こうしてライバルが勝手に消えていくから、ベンチャーでちょっとした成功をすると大金が転がり込んできます。銀座の高級レストランや六本木のクラブに行けば、若くして成功したそんな若者たちを見ることができるでしょう。

不愉快なことは世界からどんどんなくなっている

アメリカでは、高収入のスペシャリストのあいだでフリーエージェント化が進んでいます。私はこれを時代の必然だと思いますが、その理由は人間関係を選択できるようにした方が人生がずっと楽しくなるからです。

科学と技術のパラダイム転換である産業革命を経て、私たちの生活は劇的に変わりました。先進国では誰もが電気、ガス、水道に加えてクーラーのある家に住み、美味しくて安い食事を楽しみ、安くて快適な服を着ることが当たり前になりましたが、こんなことは近代以前には考えられませんでした。

中世では乳幼児の死亡率はきわめて高く、子孫を残すには女性はできるだけたくさんの子どもを産まなくてはならず、避妊法もないので頻繁に妊娠しましたが、出産は危険で大量出血などで死亡することは珍しくありませんでした。感染症にかかれば治療法がなく、ペストなどの伝染病が流行すれば人口の半分から3分の2が失われました。いずれも衛生管理がいきとどき医療が発達した現代ではあり得ないことです。

その結果、「先進国の貧困層でも中世の王侯貴族より豪華な暮らしをしている」といわれるようになりました。これはけっして皮肉ではなく、物理的に不愉快なことは世界からどんどんなくなっています。

しかしその割には、みんなそれほど幸福そうには見えません。というか、ますます不安や不満が募っているように思えます。なぜこんなことになってしまうのでしょうか。

その理由はさまざまでしょうが、誰もが日々感じているように、社会が複雑化するにしたがって人間関係がどんどん難しくなっていることが理由のひとつであるのはまちがいありません。医療の現場でモンスターペイシェントが大きな問題になっていますが、これはむかしと比べて日本人が「劣化」したというよりも、医療技術の進歩によって医師や看護師の説明を理解できない患者が増えたことが大きな要因になっているからでしょう。

こうした状況は日本だけでなく欧米も同じです。アメリカ人のイメージはかつては「ポジティブで能天気」でしたが、いまや精神的なストレスのために大量の抗うつ剤を飲みながら会社に通い、医師から処方されたオピオイド（麻薬性鎮痛薬）の依存症が深刻な社会問題になっています。テクノロジーによって生活がどんどん快適になるにつれて、すべての不愉快なものは人間関係からやってくるようになったのです。

現代社会では、私たちは市場から膨大な選択肢を提供されています。街には和食、中華、イタリアン、インド料理などたくさんのレストランがあり、どの店も長いメニューを用意しています。ファストファッションから高級ブランドまで洋服の選択肢もじつに多様で、「どうやって選べばいいかわからない」ことが逆に問題になっているくらいです。

そのなかで、私たちの人生で「選択できない」ものがひとつだけあります。それが人間関係です。

ひとは生まれてくるときに親を選ぶことはできないし、養子など特殊なケースを除けば親も子どもを選択することはできません。ここまでは当然ですが、多くのひとにとって職場の人間関係も「選択できない」のではないでしょうか。

パワハラやセクハラをする上司、ライバルの足を引っ張ることしか考えていない同僚、無能なくせにプライドだけは高い部下……。そのストレスで健康を害しているひとが現代社会にはものすごくたくさんいます。

そのため「嫌われる勇気」が必要となるのですが、よく考えてみると、これにはもっとかんたんで効果的な解決方法があります。仕事の人間関係も選択できるようにすればいいのです。

うつ病の原因は自分の能力を超える仕事

日本ではサラリーマンの職場うつや過労自殺が社会問題になっており、長時間労働の是正が叫ばれていますが、こころの病は長く働くことが原因ではありません。「いやなこと」をえんえんとやらされるから苦しいのであって、好きなこと、楽しいことであればどれほど長時間労働でもまったく苦になりません。スティーブ・ジョブズはマッキントッシュのコンピュータをつくるとき、「1日8時間労働」とか「残業は週15時間まで」なんて考えませんでした。ガレージに寝泊まりして夢中で働いたのは、それが楽しかったからです。

「いやなこと」は、大きく3つに分けられるでしょう。

1つは、なんの意味があるのかわからない仕事。すなわちブルシットジョブです。

2つめは人間関係。「今日もまた怒られるのか」と思いながら会社に通ったり、「顔も見たくない」同僚が隣の机に座っているのは苦痛以外のなにものでもないでしょう。

3つめは、自分の能力を超える仕事の責任を負わされること。内向的な社員が重いノルマを課せられ、同僚と営業成績を競わされるような場面を思い浮かべるでしょうが、それだけでなく日本の会社ではこうしたことがあちこちで起きています。

あらゆる仕事で高い専門性が要求されるようになるなかで、「ゼネラリスト」としての経験しかないサラリーマンが、必要な知識やスキルを獲得できないまま年功序列で役職を与えられています。そうなると、「この仕事をやりとげるだけの能力が自分にはない」と思いつつも、誰にも不安を打ち明けることができず、上司や同僚、部下、クライアントの視線に戦々恐々としながら日々をやり過ごすようなことになりかねません。

プログラミングの知識がほとんどないにもかかわらず、多数のプログラマーを束ねる大きなプロジェクトを任されたら、うつ病になっても不思議はありません。こころを病めば仕事から外れることができ、〝ウソ〟がばれずにすむのですから。

家族の死という大きな不幸でも、それが1回かぎりのものであればひとは耐えることができます。これがこころのレジリエンス（回復力）ですが、この素晴らしい能力は、いつ終わるかわかないない苦痛に対しては無力なことがさまざまな心理実験から明らかになっています。

子どもは3年間（小学校なら6年間）のいじめを永遠のものに感じてときに自殺してしまいますが、サラリーマンの会社人生は40年以上あり、日本の労働市場は流動性がないため40歳を過ぎると転職はきわめて困難で、最後の20年間は会社に「監禁」されるような状況になってしまいます。こんな環境でこころを病むことなく、日々楽しく仕事ができるのはごく一部の幸運なひとだけでしょう。

大手広告代理店の新入社員はなぜ死んだのか？

大手広告代理店に入社してわずか8カ月の女性社員がクリスマスの晩に投身自

殺したことで、日本企業の長時間労働とパワーハラスメントが強い批判にさらされました。会社側は「現場へのプレッシャーも含めてマネジメントが配慮すべきだった」「複雑で高度な作業に対して恒常的に人手不足だった」と説明しており、新人社員が混乱する現場と稚拙なマネジメントの犠牲になったことは明らかです。批判を受けて広告代理店は、本社ビルを夜10時に一斉消灯するなど深夜残業を抑制する措置をとりましたが、こんなことではなんの解決にもなりません。

広告代理店はこれまで、テレビと新聞・雑誌を主な媒体として営業を行なってきました。それが2000年代に入って急速にインターネットにシフトしたため、従来のビジネスモデルを大きく転換しなくてはならなくなりました。

欧米企業はこのようなとき、まずはインターネット広告に精通した人材を外部(たとえばヤフーやグーグル)から引き抜き、プロジェクトチームのトップに据えます。チームのメンバーも、プログラミングやWEBデザインの経験がある若手をベンチャー企業などから集めるでしょう。まったく新しい分野なので、本社の社員は他部門との連絡役がいればいいだけです。

こうしたエキスパート集団なら、ネット広告のイロハも知らない新人が配属され、素人同然の上司に翻弄されて擦り切れていく、などという事態は考えられないでしょう。だったらなぜ、こんな簡単なことができないのでしょうか。

それはいうまでもなく、年功序列・終身雇用の日本企業では、プロジェクトの責任者を外部から招聘《しょうへい》したり、中途入社のスタッフだけでチームをつくるようなことができないからです。そのため社内の乏しい人材プールから適任者を探そうとするのですが、そんな都合のいい話があるわけがなく、「不適材不適所」で混乱する現場を長時間労働のマンパワーでなんとか切り抜けようとし、パワハラとセクハラが蔓延することになるのです。

なぜ労基署は、この違法・脱法行為を是正できないのでしょうか。それは官公庁こそがベタな日本的雇用の総本山で、民間企業を強引に指導すると「だったらお前たちはどうなんだ」とヤブヘビになるからです。事件を批判するマスメディアも同じ穴のムジナで、無意味な説教を繰り返すだけです。

こうしてどれほど犠牲者が出ても、長時間労働も過労死も一向になくなりません。森友学園の決裁文書を違法に書き換えるよう強要され、自殺してしまった近畿財務局職員の悲劇はそんな日本社会の残酷さを象徴しています。

これは日本の会社（役所）の構造的な問題なので、ほとんどのサラリーマンがいつかはこの罠にはまってしまいます。これが、日本のサラリーマンのエンゲイジメント（仕事へのやる気）が国際的に極端に低く、会社を憎んでいる理由でしょう。

だからこそ「働き方」改革が必要とされるのですが、それは一朝一夕には実現できず、10年、20年と「改革」を待ちつづけているうちにこころが病んでしまうかもしれません。だとすれば残された方法は、自力でこの罠から逃れることしかありません。これがフリーエージェント化です。

意味がなくなった「仕事か、家庭か」という選択

2000年代はじめにアメリカで「オプトアウト（optout）」という現象が話題になりました。optは「選択する」で、その名詞形がoption（オプション）です。オプトインは「選択して参加すること」で、それに対してオプトアウトは「選択して脱退すること」です。有名法律事務所のパートナーや大手企業の経営

幹部、大使に任命された外交官など社会的にも経済的にも成功した女性が、自らの意思で仕事を辞め家庭に入ることが「オプトアウト」と呼ばれました。

フェミニズムは女性が男性と対等に社会で活躍できることを目指してきましたから、その「輝ける星」であるはずの〝バリキャリ〟の女性たちが専業主婦になっていくという現実にアメリカのリベラルは驚愕しましたが、しかしこれはさして不思議なことではありません。

日本の専業主婦は20代で人的資本を放棄することで「2億円損をする」わけですが、オプトアウトするアメリカの高学歴女性たちの多くには同じようなキャリアの夫がいて、すでに一生働かなくていいだけの富を獲得しています。だとしたらなぜ、ストレスフルな仕事を続けなくてはならないのでしょうか。

しかしこの騒動から10年以上たって、アメリカではもはや「オプトアウト」は話題にならなくなりました。せっかくの職業人生をすべて捨てて専業主婦にならなくても、フリーエージェントになって好きなときに好きな相手と好きな仕事をすればいいだけだからです。

こうして、「仕事か、家庭か」という選択は意味がなくなりました。夫婦ともにフリーエージェントなら、忙しいときは子育てを相手に頼むことができますから、「仕事も、家庭も」が可能になります。このようなライフスタイルを実現した若い成功者が「BOBOS（ブルジョア・ボヘミアン）」です。

とはいえ、この新しい働き方は一部の選ばれたひとだけの特権ではありません。いまではフリーエージェントとして仕事をしながら世界中を旅する若者が増えており、コロナ禍前の東京では、安宿（ゲストハウス）が集まる足立区や江戸川区のカフェでノートパソコンで作業している外国人旅行者をよく見かけました。クライアントがアメリカやヨーロッパの会社だと半日の時差があるので、昼に観光して夜働くことも可能です。

20代から会社に所属せずに働いている若者たちが、結婚して子どもができるとそのままBOBOSになり、生涯「会社員」にならないこともこれからは当たり前になるでしょう。日本では「働き方改革」というと長時間労働を規制することだと思われていますが、いま起きているのは、これまでの「働き方」の常識がすべて覆るような事態なのです。

こうした新しい働き方では、いったいなにが重要になるのでしょうか。それは

「評判」であり、キーワードは「ギブ」です。

「どこでも誰とでも働ける」という生き方

尾原和啓《おばらかずひろ》さんの肩書を説明するのは難しいのですが、ホームページのプロフィールでは「フューチャリスト」で、『どこでも誰とでも働ける』（ダイヤモンド社）という本のタイトルからもわかるように、これまで12の会社で仕事をし、現在は家族とバリ島に住み、メインの仕事場はシンガポールで、常に世界各地を移動して働いている〝究極のフリーエージェント〟です。

ここまで本書で述べてきたことは「原理的に考えればそうなるほかはない」という意味で1＋1＝2のような話ですが、私自身は大学を卒業するときにまともな就職活動をしたことはなく、24歳のときに友人といっしょに会社（編集プロダクション）をつくり、30代は中小企業（社員100人ほどの出版社）で管理職をやりましたが、40代以降はもの書きという自営業者で、あまり一般的な経歴とはいえません。

いまから振り返れば、これは私にもともと「サラリーマン適性」がなかったからで、そんな落ちこぼれが「サラリーマンは絶滅する」といっても説得力がないのではないかと危惧していました。

それに対して尾原さんは、京都大学大学院工学研究科を修了後、コンサルティング会社のマッキンゼー・アンド・カンパニーを経てＮＴＴドコモ（日本の伝統的な大手企業の子会社）の「iモード」事業の立ち上げを支援し、その後はリクルート（日本のベンチャーのさきがけ）、楽天（日本のベンチャー企業）、グーグル（グローバルＩＴ企業）などを次々と転職し、キャリアを積み上げてきました。

尾原さんに話を聞いてみようと思ったのは、私とはまったくちがう「働き方」をしていても、最終的には同じ場所（フリーエージェント）に至っているからです。[35]

尾原さんがビジネスの仕組みに興味を持つようになったのは、大学院生のときに阪神・淡路大震災に遭遇し、ボランティアとして駆けつけた現地での体験がきっかけでした。震災直後の大混乱のなかで、たくさんのボランティアが集まってきて、全国から続々と支援物資が送られてくるのですが、それを必要な場所に的確に届ける方法がありません。

なんとかそれをうまく機能させる方法はないかと考えて、尾原さんは、問題は情報の偏りにあることに気づきます。そこであちこちの現場をバイクで駆けずり回り、大小さまざまな情報を集約して人材や物資を割り振るボランティアセンターを立ち上げたところ、滞っていたものごとが効率的に動きはじめ、被災者やボランティア関係者から感謝されたことで、「プラットフォーム」の魅力にとりつかれたといいます。そんな尾原さんは一貫して、「インターネットが人間をより人間らしくする」未来を追求してきました。

知識や人脈を惜しげもなく共有

尾原さんは、「世界はいま、とても大きな変化の中にあって、日本もその流れと無縁でいられるはずはない」として、多くのひとが抱いている不安は「完全に正しい」と断言します。

そのうえで、「どんな職場で働いたとしても、周囲から評価される人材になる」「世界中のどこでも、好きな場所にいながら、気の合うひとと巡りあって働ける」生き方を実現してきました。

その詳細は『どこでも誰とでも働ける』を読んでいただくとして、テクノロジー革命の最先端にいる尾原さんは、これから3つの「大きな変化」が確実に起きるといいます。

変化1　社会やビジネスがいっそうインターネット化する

個人の働き方は、多くのひとや会社と対等（フラット）な関係でつながり（リンク）、知識や成果を分け合う（シェア）ようになる。

変化2　これから仕事で活躍できるのは、プロフェッショナルだけになる

自分が何者であるか、なにができてなにができないかを、自分の責任で「プロフェス（公言）」し、相手がそれを評価し、信頼してくれる「プロ」になれば、「どこでも誰とでも」働くことができるようになる。

ずっと学び、ずっと働きながら、自分の趣味をまっとうする。しかも変化する時代のなかで、常に自分も変化しつづけることが求められるようになる。

変化3　会社と個人の関係が根底から変わる

尾原さんが、これからの時代を生き延びるのに不可欠なものとしてとくに強調するのが「ギブ」です。これが『どこでも誰とでも働ける』のテーマでもあるのですが、それをここでは私なりに翻案してみます。

一般論としては、「奪う（テイク）」よりも「与える（ギブ）」方が道徳的にすぐれていることに誰もが同意するでしょう。しかし、手元にあるお金をすべてギブしてしまえば無一文になってしまうし、食べ物をギブすれば餓死してしまいます。このことから、「有限のものを無制限にギブすることはできない」という第一の原則が導き出せます。これはきわめて冷酷な原理ですが、それでも例外はあります。無限にあるものならいくらでもギブできるのです。

どれほどギブしても減らないものなどあるのでしょうか？　じつは、そんな特別なものがこの世に2つだけあります。それが「知識」と「人脈」です。「ギバー」は、自分が持っている知識や人脈を惜しげもなくいろんなひとたちと共有するのです。

会社を離れるとギブできるものがなくなる

富の獲得には「ゼロサムゲーム」と「プラスサムゲーム」があります。

ゼロサムゲームは有限の富を分配するゲームで、誰かが得をすれば誰かが損をします。その典型が戦国時代の天下取りで、土地は有限な資源なので、織田信長が領地を獲得すれば武田や北条など周辺の大名が領地を奪われます。当然のことながら、ゼロサムゲームでギブする者はすべてを失って消えていくだけです。

それに対してプラスサムゲームは、どの参加者もゆたかになるようなゲームです。その典型が交易で、あなたが山で食べきれないほどのキノコを採ったとして、食べきれないほどの魚を釣った漁師と出会って交換すれば、あなたも漁師も効用（幸福度）はずっと大きくなるでしょう。これは「ウィン－ウィン」と呼ばれますが、テイクよりも先にギブする戦略が成立するのはゲームの性質がプラスサムだからです。

もうひとつ、重要な原則は「ギブできるのは自分が持っているものだけ」ということです。「そんなの当たり前だ」と思うかもしれませんが、自分が一時的にしか持っていないものをギブしているときにこれは大きな問題になります。そしてこれは、日本のサラリーマンが日常的にやっていることです。

サラリーマンも「ギブアンドテイク」の世界でビジネスしていることはまちがいありません。しかしそこでギブしているのは、「うちの会社が発注します」「うちの会社が投資します」というように、会社の資源です。こうしたリソースは個人に属しているわけではないので、定年で会社を退職したり、異動で部署が変わってしまうとギブできるものがなくなってしまいます。

なにひとつギブできるものを持っていないひととつき合っても、あまりいいことはありません。この単純な理由から、会社を辞めたとたんに多くのサラリーマンはほとんどの人間関係を失ってしまうのです。

中国ビジネスのハブとなった邱永漢さん

ギブすることがなぜ重要なのか？　このことはネットワーク理論からも説明できます。まわりのひとたちにギブする知識や人脈をたくさん持っているひとは、それを利用してネットワークのハブになることができます。そして、情報と同様に富もハブに集まってきます。なぜなら情報（知識）社会において、情報と富は同じものだから。

生前の邱永漢《きゅうえいかん》さんに二度ほどお目にかかったことがあります。日本植民地時代の台湾に生まれた邱さんは東大を出て作家としてデビューし、直木賞を受賞しますが、その後はビジネスと投資に活動の場を移し、日本のバブルが崩壊してからは「改革開放」に沸く中国への関心を高めていきます。1989年の天安門事件のあと、ほとんどの知識人や経済人が中国の将来に悲観的な予想をしていたとき、邱さんは鄧小平《とうしょうへい》の改革路線は変わらないと判断し、香港、北京、上海、成都などに大胆な不動産投資をして莫大な富を築きました。

この投資によって、邱さんは中国の中央政府、地方政府の要人や経済界と太い関係（グワンシ）をつくり、中国ビジネスのハブとなっていきます。ユニクロ（ファーストリテイリング）の柳井正《やないただし》さんが有名ですが、中国進出を考える日本の多くの経済人も邱さんの人脈を頼りにしました。なかには無理な投資で会社をつぶしたひともいますが、1990年代から2000年代はじめにかけて中国を舞台に大きな成功を収めた事業家は、大なり小なり邱さんの影響を受けています。

邱さんは80歳を過ぎてからもブログを書き自らの知識や体験を公開したように、典型的なギバーでした。それは2000年代の中国への投資が典型的なプラスサムのゲームで、紹介したひとたちが現地で成功すれば、それが中国側の利益にもなって、自分の人脈がさらに強くなることを知っていたからでしょう。

ひととひとをつなぐことは「負けないギャンブル」

これまで会社に対して仕事を発注していたのは、個人を直接評価する方法がなかったからです。大企業にも役に立たない社員はたくさんいるでしょうし、零細企業に素晴らしい人材が眠っていることもあるでしょう。しかしトラブルが起こったとき、大企業なら保証や賠償が可能ですが、零細企業は倒産して終わりです。それを考えれば、スタッフの質は後回しにして、とりあえず会社のブランドで発注先を選ぶしかありませんでした。

しかし、SNSによって個人を直接評価することができるようになればこうした事情は大きく変わります。期待外れかもしれない大企業のスタッフではなく、よい評判をたくさん持っていて、優秀であることが確実にわかっている個人と仕事をした方がずっといいに決まっています。

高度化するネットワーク社会で起きているのは、「会社から個人へ」という大きな流れです。そこでは「大きな会社」に所属していることではなく、個人としてよい評判を持っていることが成功のカギを握っています。

ネットワークのなかでよい評判を獲得するもっとも確実な方法は、自分の知識や人脈を惜しげもなくギブすることです。失業して困っているときに、「いい仕事を紹介してあげるよ」とか、「このひとに会ってみれば」とギブしてもらったら、とても感動するでしょう。そのうえ、知識を教えることはもちろん、たんなる紹介にもほとんどコストはかかりません。

「このあいだ面白いひとに会ったんだ」と軽い感じで紹介して、それがたとえうまくいかなかったとしても逆恨みされることはめったにありません。その反面、たまたま紹介した人材が大当たりだったらものすごく感謝されます。ネットワークのハブになってひととひとをつなぐことは、「負けないギャンブル」のようなものなのです。

私は何人か若い成功者を知っていますが、このひとたちは知り合いを紹介することが大好きで、仕事とは直接関係のない交友関係も積極的につくっていきます。それは、ネットワーク効果を身をもって知っているからでしょう。

彼ら／彼女たちは慈善家ではないので、他人にお金をギブすることはありませんが、その代わり知識や人脈を積極的にギブします。そのなかから新たな成功者が生まれれば関係はさらに強くなります。そうやってネットワークがより大きく広くなって、それが自然に富につながっていくのです。

このようにして、高度化したネットワーク社会では積極的に「ギブ」することが生き延びるための最適戦略になるのです。

「ふれあい」が多すぎることが「ソロ化」を招く

多くのひとが感じている「生きづらさ」の根源にあるのは、知識社会が高度化し人間関係が複雑化していることです。

保守派やコミュニタリアン（共同体主義者）は「むかしのようなふれあいがなくなった」と嘆きますが、これはそもそも事実としてまちがっています。

小さなムラ社会で農業しながら暮らしていれば、顔を合わせるのは家族と数人の隣人たちだけで、ムラの外から見知らぬ人間（異人）がやってきたら大騒ぎになるでしょう。ヒト（サピエンス）は旧石器時代から何十万年も、あるいは人類の祖先がチンパンジーから分岐してから何百万年も、こうした世界で暮らしてきました。

しかしいまでは、（すくなくとも都会で暮らしていれば）日々、初対面のひとと出会うのが当たり前です。こんな「異常」な環境にわたしたちは適応していないので、それだけでものすごいストレスになります。問題は「ふれあいがなくなった」ことではなく、「ふれあいが多すぎる」ことなのです。

日本をはじめとして先進国で急速に進む「ソロ化」はここから説明できます。日常生活での「ふれあい」に疲れ果ててしまうため、プライベートくらいは一人（ソロ）になりたいと思うのです。夫婦は「他人」ですから、その関係すらもおっくうになると、結婚できるだけの条件（仕事や収入）をじゅうぶんに満たしていても生涯独身を選ぶひとも増えてくるでしょう。

こうした問題がわかっていても、会社（組織）は専門化する業務や多様な価値観を持つ顧客の要望に対応するために、仕事を複雑化せざるを得ません。その結果、多くの社員が人間関係に翻弄され、擦り切れ、ちから尽きていきます。「karoshi」がいまでは英語として使われているように、日本だけではなく世界中で大きな社会問題になっています。

この理不尽な事態に対して個人でできる対抗策が、会社を離脱するフリーエージェント化ですが、誰もが独立して自分の腕一本で家族を養っていけるわけではありません。そこで、「会社そのものを変えればいいじゃないか」という試みが出てきました。

ここで、ジェイソン・フリードとデイヴィッド・ハイネマイヤー・ハンソンの『NO HARD WORK!　無駄ゼロで結果を出すぼくらの働き方』（早川書房）から、「穏やかな会社（カーム・カンパニー）」というコンセプトを紹介しましょう。

ちゃんとした仕事をするのに1日8時間あればじゅうぶん

フリードとハイネマイヤー・ハンソンはソフトウェア開発会社「ベースキャンプ」を1999年に創業しました。開発・販売するのはプロジェクト・マネジメントツールの「ベースキャンプ」のみで、世界30カ国で54人の社員（メンバー）が働いています。ということは、1カ国に1人か2人ということになります。

ベースキャンプの労働時間は1年を通じてだいたい1週当たり40時間で、夏は週32時間に減らしています。社員は3年に1回は1カ月の有給休暇を取ることができ、休暇中の旅行費用は会社持ちです。

こんなことが可能なのは、本来、ちゃんとした仕事をするのに1日8時間あればじゅうぶんだからです。それなのになぜこれほど忙しいのかというと、「1日が数十の細かい時間に寸断されている」からです。会議や電話、同僚や部下からの相談、上司との雑談など、こまごまとした用事によって通常の勤務時間のほとんどはつぶれてしまいます。こまぎれの時間で集中した仕事はできないので、夜中まで残業したり、休日に出勤して穴埋めしなくてはならなくなるのです。

「ベースキャンプでは、それぞれの社員が「開講時間」を決め、1日1時間など、自分への質問はそのときに限るようにしています。そんなことをして大丈夫かと思うでしょうが、緊急の質問はじつはほとんどなく、自力で解決できることも多いといいます。「訊けば教えてくれる」同僚や上司が近くにいるから、依存してしまうのです。

会議や打ち合わせなど、他の社員のスケジュールを勝手に埋めることができるシェア型のカレンダーもベースキャンプでは使用禁止です。他人の時間を勝手に分割し、仕事に集中できないようにして生産性を落とすだけだからです。

給与の交渉も時間の無駄だとして、プログラマーであれデザイナーであれ、いっさいの査定なしに、業界の同じポジションのトップ10％が得ているのと同じ額の給与が支払われます。これは住んでいる場所（国）に関係ないので、バングラデシュのような生活コストが安いところで暮らせば、ものすごく優雅な生活ができます。こうしてベースキャンプの社員たちは、自分と家族にとってもっとも快適な場所に移り住んでいきます。

どうでしょう？　これはたしかに特殊なケースでしょうが、会社であっても、創意工夫によって「人間らしい」働き方をすることは可能なのです。

始めるのに遅すぎるということはない

アメリカの若者のあいだでいま、「ＦＩＲＥ」と呼ばれる運動が広がっています。“Financial Independence, Retire Early”（経済的に独立し、早く引退しよう）の略で、40歳前後でのリタイアを目指し、収入の7割を貯蓄に回したり、家賃を浮かすため船で暮らしたりするひとまでいるそうです[36]。

とはいえこれは、２０００年前後に流行した「アーリーリタイアメント」のことではありません。

マンハッタン中心部の貸会議室で行なわれた「FIRE」のミーティングには20～30代のホワイトカラーの若者30人近くが集まり、記者のインタビューに34歳のエンジニアは、「若いうちに一定の貯蓄ができれば、残りの人生を自由に生きる選択肢を得られる」とこたえています。

「渋滞につかまって通勤に4時間かかったある日、突然気づいたの。これは私が求めていた人生ではないと」とブログに書いたジャミラ・スーフラントさん（38歳）は、2年かけて夫婦で16万9000ドル（約1830万円）を貯金した体験を報告して大きな話題になり、ポッドキャストは50万回ちかくダウンロードされました。

ジャミラさん夫婦は空き時間に副業をはじめたほか、外食や娯楽の予算に制限をつけ、余ったお金を貯蓄と投資に回したことで、18年秋に念願かなって会社を辞めることができました。「人生の主導権を握るのが究極の目標。あと数年のうちに、完全にお金から自由になるつもり」と語っています。

ここからわかるように、「FIRE」運動の「リタイア（引退）」とは仕事を辞めて悠々自適の暮らしをすることではなく（これだと数千万円の貯金ではまったく足りません）、日々のお金を心配することなく、会社や組織から自由になって好きな仕事をすることです。これが「経済的独立」で、リベラル化する現代社会の価値観（理想）です。

「会社から自由になろう」というと、「独立後の生活が不安だ」という意見がかならず出てきます。誤解のないようにいっておくと、私はなんでもかんでも「フリー」になれといっているわけではありません。しかし、どんなひとも60歳（あるいは65歳）になって定年を迎えれば「フリー」なのです。そう考えれば、サラリーマン生活は「フリー」への準備期間です。

定年後に再雇用されるひとが増えていますが、その給与は現役時代の半分ほどで、やりがいのある仕事も与えられず1年ほどで辞めていくことも多いといいます。これでは人的資本のムダづかいでしかありません。

定年後にとぼしい年金をやりくりしながらアルバイト仕事で食いつなぐのと、現役時代の専門知識やスキルを活かし、よい評判を仕事につなげていくのでは、人生の満足度は大きく異なるでしょう。

ひとはいずれ人的資本を失って一人の投資家になりますが、その前に、「人生100年時代」では誰もが「フリーエージェント」を体験することになります。30代や40代で独立するひともいれば、60歳でフリーになるひともいるというちがいにすぎません。

「未来世界」で生き延びるのは、会社に所属しているときでも常に「フリーエージェント」として仕事をしていると考え、会社のブランドに依存するのではなく、自分自身のよい評判を増やしていけるひとです。そしてこれは、本書の読者なら難しいことではないでしょう。

始めるのに遅すぎるということはないのです。

【文庫版特別寄稿】

誰もが知っていながら報じられない「労働者」以前に「人間」としてなんの権利も認められない非正規公務員の現実

日本社会には、誰もが知っていながらも積極的には触れない（タブーとまではいえない）現実がいくつもある。共通項は、①解決が容易でないかほぼ不可能なことと、②それでも解決しようとすると多数派（マジョリティ）の既得権を脅かすことだ。そのため、解決に向けて努力することにほとんど利益がないばかりか、逆に自分の立場を悪くしてしまう。こうした問題の典型が「官製ワーキングプア」すなわち非正規で働く公務員の劣悪な労働環境だ。

上林《かんばやし》陽治《ようじ》氏は10年にわたって官製ワーキングプアの問題に取り組んできた第一人者で、著書『非正規公務員のリアル　欺瞞の会計年度任用職員制度』（日本評論社）には驚くような話が次々と出てくる。そのなかでもっとも印象的な事例を最初に取り上げよう。

子ども・家庭相談員はなぜ27歳で自殺したのか

２０１５年、27歳の森下佳奈さんが多量の抗うつ剤や睡眠導入剤を飲んで自殺した。佳奈さんは臨床心理士になることを目指して大学院で勉強し、卒業後、

「障害のある子どもたちや何らかの困難を抱える人たちに寄り添う仕事」に就きたいと北九州市の子ども・家庭相談員の職を選んだ。だがその条件は年収200万円程度の任期1年の非正規で、それに加えて上司から壮絶なパワハラを受けることになった。

佳奈さんが両親や知人に送ったメールには、「また無視される一週間がはじまるよ」「顔見るなり『生きてましたか？』とだけ」「同年代の相談者と結婚したらいいじゃないですか」。「昨日もまた二時間、研修行かせてもらえず面談室に呼び出されて問い詰められ、泣かされたよ。辞めたい」「給料分働いていない。自覚がない。意欲がない。と繰り返されました。」などの悲痛な叫びがつづられていた。この上司が佳奈さんに「このままやっていたら、（相談者が）死にますよ」などといったため、「私にはできない。このままじゃ、ひとが死んでしまう。」と深く思い悩んでいたこともわかっている。

佳奈さんの両親は、生前の話やメールをもとに、日常的に上司から嫌がらせを受け、難しい対応を迫られる案件を入職半年の佳奈さんに担わせるなどしたとして、公務上災害の認定と補償請求に関して北九州市に問い合わせた。それに対する回答は「非常勤職員の場合は（常勤職員と異なり）、本人ならびに遺族による認定ならびに補償請求の権利は認められていない」という門前払いだった。労災で争う以前に、労災の申請すら許されないのだ。

2017年8月、両親は北九州市を相手に公務上災害補償の請求などを求める裁判を起こし、翌18年には当時の野田聖子総務相に、「困難を抱えた子どもたちの助けに」という夢をもって就職した佳奈さんが数カ月で元気を失い、追いつめられていった過程や、死後も労災請求すら許されなかった事情」を手紙で訴えた。野田総務相からは、「心痛はいかばかりかと胸のつぶれる思いです」「娘さんが苦しまれた、そんな状況を二度とおこさないよう変えていきます」と記された手書きの封書が届いた。

それにもかかわらず北九州市は主張を変えず、一審の福岡地裁は、市が「条例規則を改正せずに放置してきたこと、申請を門前払いしたことなどに違法性はない」と両親らの請求を棄却、二審の福岡高裁も「条例の補償内容が、法律で定める補償と均衡を欠くことは立証されておらず、申出や通知に関する規定を置いていないことは理由にならない」などとして一審判決を支持、最高裁も両親の上告を却下した。

この痛ましい事件には非正規公務員が置かれた過酷な状況が象徴されているが、ここではまず、「正規と非正規の専門性の逆転」という事態を考えてみたい。

児童相談員の業務内容は、育児不安、虐待、いじめ、不登校や夫などからの暴力（ＤＶ）への対応を求められる高度なもので、そのために佳奈さんは大学院で臨床心理学を学んだ。それに対して、自治体のなかで児童相談所は、生活保護担当と並んで職員が異動したがらない職場となっている。――ある市の児童相談所の課長が、３年で他部署に移すことを約束して児童相談所の職員を確保していた事例が紹介されている。

その結果、児童相談所は高い専門性をもつ非正規職員と、なんの専門性もなく経験年数の浅い正規職員で構成されることになる。こうしたいびつな組織を束ねる管理職も正規職員で、本書には書かれていないものの、佳奈さんの上司も、大学院はもちろん学部レベルの臨床心理学の知識すらもっていなかったのではないか。

常軌を逸した執拗なハラスメントは、「若い女」が自分よりも高い専門性をもっており、上司としての権威を脅かすと感じていたとすれば説明できる。そしてこの「専門性の逆転」は、非正規公務員の職場では常態化している。

非正規公務員の3つのブラックジョーク

公立図書館は異なるバックグラウンドの職員たちで構成されている。図書館司書の資格をもつ正規公務員、それを補佐する、これも図書館司書の資格をもつ非常勤職員。ここまでは誰でも思い浮かぶだろうが、これに「役所内の人事ローテーションで図書館に異動してくる一般行政職の正規公務員」が加わる。このひとたちは司書資格を有さず、異動だからと仕方なく図書館に勤務し、図書館員の仕事を非常勤の職員から教えられてカウンターで利用者への対応をし、2〜3年後には他部署に異動する。

これだけなら「そんなものか」と思うだろうが、図書館の職場をいびつなものにするのは、「異動しない一般職の正規公務員」がいることだ。その事情を上林氏はこう書く。

一定の数少ない専門職・資格職を除き、日本の公務員の人事制度において、正規公務員とは職務無限定のジェネラリストで、職業人生の中で何回も異動を繰り返し、さまざまな職務をこなすことを前提とされている。ところがどの組織にも、さまざまな事情で異動に耐えられない職員、最低限の職務を「当たり前」にこなせない職員が一定割合おり、しかも堅牢な身分保障の公務員人事制度では安易な取り扱いは慎まなければならず、したがってこのような職員の「避難所」を常備しておく必要がある。多くの自治体で、図書館はこれら職員の「待避所」に位置づけられ、そして「待避所」に入った職員は、そこから異動しない。

この構造によって、図書館の管理者である（司書資格をもつ）正規公務員は強い精神的ストレスのかかる立場になるのだという。

同様の「専門性の逆転」は、ハローワークの求職相談でも日常的に見られる。ハローワークの非正規相談員の多くは期間業務職員で、3年目には一般求職者といっしょに公募試験を受けなければならない（1年の任期で連続2回までは勤務実績に基づき継続雇用される）。

非正規相談員は、3年ごとの公募試験に備えて、働きながら産業カウンセラー（受講料約30万円）やキャリアコンサルタント（受講料30万円超）の資格を取得する。これらはハローワークの相談員に必須というわけではないが、「履歴書の資格欄を空白にしないため、業務遂行上の能力があると考慮されるであろうことを信じて」高い受講料を払っているのだという。

ところが同じハローワークに勤務していても、正規職員はこうした資格をほとんどもっていない。無期雇用でめったなことでは解雇されないということもあるが、下手に資格をとると、ハローワークから別の部署への異動を狭めることになりかねないからだ。

こうして、「正規職員より非正規職員の方が有資格者は多い」という事態が生じる。公募試験会場では、「資格取得に価値を置かない無資格の正規職員が、有資格の相談員応募者を面接し、合否を判定する」という「ブラックジョーク」のようなことが起きるのだ。

2つ目の「ブラックジョーク」は、資格を取るなどして努力すればするほど雇い止めになるリスクが上がることだ。なぜなら、実力のある非正規職員は、能力のない正規職員の上司にとって大きな脅威になるから。実際、山陰地方のある自治体では、非正規公務員の組合運動を主体的に担ってきた当事者数人が、会計年度任用職員制度の移行時に実施された採用試験の結果が悪かったとして、次年度の任用を打ち切られた。

毎年3月に、ハローワークには公務員関係の求人が大量に出される。一般求職者はこれを見て公募に応じるが、彼ら/彼女たちに求人内容を説明し、書類を渡し、「就職できるといいですね」と励ましているのは非正規の相談員で、公募試験に落ちれば自分が失職する。こうして、「昨日まで求職者の相談に乗っていた職員が、翌日には失業者になって求職相談をする」という事態が起きる。これが3つ目の「ブラックジョーク」だ。

生活保護を受給しながら教壇に立つ小学校教員

非正規公務員はなぜこれほどまでに劣悪な労働環境に置かれているのか。その理由を私なりに整理すると、以下のようになるだろう。

①国も自治体も財政に余裕がない。経済が低迷し税収が上がらない一方、超高齢社会で年金や医療・介護などの社会保障費が青天井で増えていく。

②それにもかかわらず、住民が行政に求めるサービスが多様化・複雑化している。法律や通達で自治体の対応が求められるものは、ＤＶ、ストーカー被害、児童虐待、障がい者や保護者の相談、ひとり親家庭の就労支援、生活困窮者の相談、ホームレスの自立に向けた施策、犯罪被害者の相談から自殺、ニート、ひきこもり、過労死、債務整理（借金問題）まで多岐にわたる。

③住民の要望に対応するには職員を増やさなければならないが、予算のない自治体は正規職員を雇うことができず、専門資格をもつ人材を非正規で採用し

てやりくりしようとする。こうして「全国のすべての地方公務員の3人に1人は非正規公務員」「もっとも身近な地方自治体である市区町村では44・1%が非正規公務員」という事態になった。

④予算が決まっているなかで、増えつづける業務を非正規・臨時職員でまかなおうとすれば、必然的に低賃金になる。自治体は、非正規職員を安く使い倒すことしか考えなくなる。

⑤こうした現実は関係者ならみな知っているが、首長や政治家は票にならないことはやりたがらず、労働組合は正規職員の既得権を守ることしか考えていない。住民は行政の質の低下には不平をいうが、住民税の引き上げのような負担増は反対する（そのような「改革」を主張する政治家は選挙に勝てない）。

このようにして、非正規公務員は劣悪な職場環境に放置されることになる。

2016年の総務省調査では、正規公務員の平均年収634万円に対し、専務補助職員の非正規職員は1日8時間、月20日、年12カ月をフルで働いたとしては、特別職非常勤が年収207万円、一般職非常勤が176万円、臨時職員では162万円にしかならない。

なぜこのようなことになるかというと、公務員には最低賃金法が適用されないからだ。最賃以下の賃金で労働者を働かせると、民間の事業者なら「犯罪」になるが、自治体は何の罰則もない。その結果、非常識なまでの賃金が横行することになった。

保育士の半数以上が非正規であることは知られているが、小学校以上の公立学校でも教員の不足を臨時教員や非常勤講師で補っているところは多い。

シングルマザーの臨時教員として教育現場に復帰した教員歴10年以上の女性は、すべての期間でクラス担任を受け持ち、勤務時間、勤務日数、勤務形態はすべて常勤職員と同じだが、年間所得は250万円程度にしかならない。この金額は、彼女が住む市の就学援助制度の認定基準（親子3人世帯で年間所得基準額262万8000円）を下回る。教壇に立って生徒たちを教える先生が、就学援助を受けないと生活できない。

さらには、病欠や欠員補充などの非常勤講師として働いてきた50代の女性は、時給1210円で1日5時間、週5日の勤務で月収は手取り11万円にしかならない。夏休みなどの休暇期間は学童保育で働き、週末はスーパーの試食販売でアルバイトをしてきたが、疲労で授業に集中できなくなり、月5万円の生活保護を受給して教員を続けるようになったという。

非正規公務員に「人間としての権利」はない

日本でもようやく同一労働同一賃金の原則が徹底されるようになり、厚生労働省のガイドラインでも「正規か非正規かという雇用形態にかかわらない均等・均衡待遇を確保しなければならない」とされている。だとしたら、正規の教員と同じようにクラス担任をこなし、フルタイムで働く非常勤の教員の収入が半分から3分の1で、就学援助を受けなければ生活できないなどということがなぜ起きるのか。

その理由は、自治体側がありとあらゆる手段を使って、非正規公務員が労働者としての最低限の権利をもつことすら阻止しているからだ。

非正規公務員の理不尽な労働条件を象徴するのが「空白期間」だ。「新たな任期と、再度の任用後の新たな任期との間に一定の勤務しない期間を設けること」で、2016年の総務省調査では、臨時職員を任用している団体の約半数で空白期間が設定されていた。もっとも多いのが1週間から1カ月以内だが、1日だけというところもある。3月30日まで働いて、翌日が空白期間で、4月1日からまた同じ仕事をするのだ。

なぜこのような制度が広まっているかというと、継続して雇用すると労働者としてのさまざまな権利を認めなくてはならないからだ。アンケートでは「継続した任用と見られないようにするため」「退職手当や社会保険料等の財政的な負担を避けるため」との率直な回答も多くあった。こんなことを民間企業がやったら大問題になるだろうが、それが「公務」になると、空白期間で労働者の基本的な権利を奪うことをなんとも思わなくなるのだ。

空白期間は本人の責任でないにもかかわらず、期末勤勉手当の支給額が減らされる。さらに年度末の1カ月を空白期間にされた場合、社会保険料の事業主負担がなくなり、全額自己負担となる国民健康保険に加入するしかなくなる。空白期間もいつもと同じように業務に就かせる（タダ働きさせる）慣習も広まっている。

冒頭で紹介した森下佳奈さんに労災が適用されないのも、自治体が「地方公務員災害補償法」による負担金が生じないように空白期間を使っているからだ。「一年を超えて在職していないように見せかけ、また週一五分程度、常勤よりも勤務時間を短くしてパートと称するというようにして、常勤的臨時非常勤職員の要件を満たすことを回避」すれば、すべてのリスクを非正規公務員に押しつけ、自治体は負担を免れることができるのだ。

国もこうした事態を放置していたわけではない。２０１６年12月にまとめられた総務省の研究会報告書では、空白期間を認めず、「退職手当や社会保険料等の負担を回避したり、任用されていない者を事実上業務に従事させることについては明らかに不適切」と当たり前の指摘をしている。

ところがこの報告書は、いつのまにか勤務時間の長短だけに依拠したこれまでと同じ扱いに後退してしまった。上林氏はその理由を、「地方公務員における絶望的なまでに拡大した格差状況が、日本社会全体の格差解消への取り組みの足を引っ張りかねず、したがって、地方公務員における格差状況の「隠蔽」が行われ、問題解決に向けた処方箋作りが、途中で諦められてしまった結果」だとしている。

これをわかりやすくいうと、非正規公務員のとてつもない「身分差別」が明らかになると、民間企業から「なぜ自分たちだけが同一労働同一賃金の導入で苦労しなければならないのか」といわれてしまうので、問題そのものが存在しないことにしたのだ。

これだけでもじゅうぶん衝撃的だが、さらに愕然とするのは、非正規公務員のために国が用意した資金を自治体が使い込んでいることだ。

2020年から会計年度任用職員制度が始まったが、それに合わせて非正規公務員への期末手当の支給が義務付けられ、約1700億円の財源が地方交付税として予算化された。ところが4分の1以上の地方自治体では、期末手当額に相当する月給を引き下げ、浮いた分を他の財源に回す予定で新年度予算を組み、非正規公務員の処遇改善をしなかった。これはふつうなら犯罪行為だが、非正規公務員は「労働者」以前に「人間」としてなんの権利も認められていないので、そのままなし崩しになったようだ。

労働組合はなぜ非正規公務員の権利を守らないのか？

非正規公務員には労働契約法が適用されないため、自治体は何年雇っていようが無期雇用に転換することも、雇用期間を長くすることも義務付けられていない。それにもかかわらず多くの自治体が、必要以上に短い期間を定めて非正規公務員を採用し、有期雇用を反復更新して、いざとなったら雇い止めという「解雇」を自由に行なえるようにしている。

非正規公務員にはパート・有期雇用労働法も非適用なため、格差を埋める義務を免れているばかりか、自治体には民間事業主に課される待遇差の説明義務さえなく、非正規公務員からのあらゆる異議を「問答無用」ではねつけている。

非正規公務員の驚くほど低い給与は、①基本給の水準が正規公務員の初任給より異様に低く設定されている。②昇給額の上限設定が決められている。③支給すべき手当に制限があるからだ。その結果、自治体によっては、非正規公務員がふつうに働いて得る収入が地域別最低賃金さえも下回る。

こうした状況を改善するとして導入された会計年度任用職員制度は、公募試験の導入によって「金銭的な対価のない解雇」を自由化するなど、状況をさらに悪化させている。上林氏はこうした状況を総括して、「会計年度任用職員制度とは、同一労働非同一賃金を一般原則とする官製ワーキングプア固定化装置」であり、「現行の非正規公務員の勤務条件の改善のための（自治体の）法環境は、民間に比べて二周回も遅れている（一周回遅れは非正規国家公務員）。もしかしたらスタートラインにも立てていない」と強く批判している。

ここで誰もが疑問に思うのは、民間はまがりなりにも同一労働同一賃金が導入されつつあるのだから、まともなひとは民間企業で働こうとするのではないか、ということだろう。これは実際そのとおりで、多くの自治体で教員が不足しているが、その理由のひとつは「臨時教員が就職してしまったため」だという。

日本の場合、公務員はもともと「正規」が原則で、「非正規」は専業主婦などが家計を助けるために補助的な仕事をするのだとされていた。それがいつのまにか、専門職の非正規公務員が自治体の住民サービスの最前線に立ち、不安定な身分と極端な低収入でなんとか生活しようと苦闘している。

どれほど高い志があったとしても、ここまで劣悪な労働環境で長く働くことはできないのではないか。児童相談所や生活保護の相談窓口で不祥事が起きるたびにメディアははげしいバッシングを浴びせるが、職員が置かれた実態が記事になることはほとんどない。なぜなら、そんな不愉快な話は読者・視聴者が喜ばないから。

2021年5月、全国労働組合総連合（全労連）は「全国一律で1500円以上」の最低賃金が必要だと訴え、連合も最低賃金の引き上げを求めた。最低賃金引き上げの効果については経済学者のあいだでも意見の対立があり、低技能の若年層の雇用を悪化させ、中小零細企業の経営が成り立たなくなるなどの研究も多い。だが、その是非はここではおいておこう。

連合の加盟団体には公務員の最大の労働組合である自治労があるし、全労連も国家公務員や自治体の公務員、教職員などの労働組合を傘下に置いている。だとしたらいまやるべきことは、信じがたいほど劣悪な労働環境に放置されている非正規公務員の待遇改善ではないのか。自分たちの職場に、あるいは自分の机の隣に、すべての権利を剝奪されている「労働者」がいることを、ふだんは「リベラル」な主張を声高に唱えている労働組合はどう考えているのか？

それとも、耳ざわりのいい最低賃金引上げの要求は、非正規公務員の実態を世間に知られないための「隠蔽工作」なのだろうか。[37]

おわりに　日本の未来は明るい

「人口が減少している日本ではイノベーションも起こらず、このままではアメリカや中国に負けてしまう」という悲観論がしばしば語られます。

しかしこれは、奇妙な理屈です。まず、戦争ではないのだから、市場での競争で国家が勝つとか負けるとか議論をすることになんの意味もありません。経済環境が変化するなかで、新たに生まれる会社もあれば退場していく会社もあるというだけのことです。

その結果、日本の会社が「競争」に負けたとしても、世界に会社はたくさんあるのですから、そこで働くか、フリーエージェントとして生きていけばいいだけのことです。大事なのは自分の人的資本を労働市場に効率的に投資して富を獲得することで、給料はどこの国の会社からもらっても同じです。——それ以前に、グローバルなIT企業（プラットフォーマー）は多様化が進んで、国籍をほとんど意識しなくなっています。

イノベーションについても、私たちの生活をゆたかで便利にしてくれる商品やサービスを提供するのが日本の会社でも、アメリカや中国、インドの会社でもまったくかまいません。それによって何兆円もの富を手にする起業家もいるでしょうが、人間が一生のあいだに使える金額には物理的な限界があり、あとは金融機関のサーバーに保存された電子データにすぎません。そう考えれば、シリコンバレーで「世界を変える」ために徹夜で働いているたくさんの天才たちは、わたしたちの生活をゆたかにするための召使いみたいなものです。

日本に生まれ育った以上、日本がゆたかで幸福な国になればうれしいことはいうまでもありません。しかしほんとうに重要なのは国の勝ち負けではなく、自分と家族が幸福に生きられるかどうかです。

日本という国に生まれたことで、わたしたちはとても幸運です。その理由は、日本がさまざまな面で欧米から1周遅れだからです。

トランプ政権が誕生して以来、アメリカでは共和党支持の保守派と民主党支持のリベラルに社会が分裂し、互いに憎みあっています。いまでは社会の分断は人種や宗教ではなく、政治的党派が基準になってしまいました。

ヨーロッパでは、アフリカや中東から大量の移民が流入したことで排外主義の「極右」が台頭し、社会の混乱がつづいています。イギリスは「ブレグジット（EUからの離脱）」を巡って国論が二分し、フランスではマクロン大統領の「ネオリベ的改革」に反対するジレジョーヌ（黄色ベスト）デモで政権が窮地に立たされました。

日本の政治にもさまざまな問題はあるでしょうが、こうした状況を客観的に見るかぎり、「まだマシ」というのが偽らざる実感でしょう。これまで日本の知識人は、「アメリカやイギリスのような成熟した市民社会がつくれないのは日本人が愚かだからだ」と慨嘆してきましたが、いまでは欧米の知識人が「日本がうらやましい」といいはじめています。

著名な国際政治学者であるイアン・ブレマーは、「大国の中で民主主義が比較的うまく機能しているのが日本」だとして、①人口減で失業率が低い、②移民の大量流入がない、③SNSの普及度が他国に比べて低いことでポピュリズムへの耐性が高い、という3点を挙げています。[38]

日本のネット言論もずいぶん殺伐としていますが、欧米（とりわけ英語圏）は参加者の数がけた違いに多いために、フェイクニュースを信じてピザ店で発砲したり、大統領選挙の結果をハッカーが左右するような想像を超える事件が起きるのでしょう。

日本でもこれから格差は拡大していくでしょうが、それにともなうさまざまな問題は、すべて先行する欧米ですでに起きています。これが「1周遅れ」の意味で、これから日本社会が体験するであろうことは、欧米の混乱を観察していればほぼ正確に予測できます。それを「幸運」というのは、なにが起きるかあらかじめわかっているのだから、それに的確に備えればいいだけだからです。日本の政治家や官僚がこの大きなアドバンテージを活かせるかどうかはわかりませんが、すくなくとも個人では対処可能です。

テクノロジーの驚異的な進歩によって、これからの10年、20年で世界が大きく姿を変えることはまちがいありません。しかしどのような世界になったとしても、一部のひとたちがいうように、1％の成功者と99％の敗者に分断されるような極端なことは起こらないでしょう。

近代国家は暴力を独占しているのですから、もしそのようなことになれば、多数派の「敗者」は民主的な選挙によって1％の「勝者」からなにもかも奪い取ることを躊躇《ちゅうちょ》しないでしょう。富はバーチャル空間に秘匿できるかもしれませんが、生身の人間はバーチャルになることはできず、どこかの国の法の下で生きていくしかないのです。

ジェリー・カプランはシリコンバレーの起業家で、1990年代半ばにキーボードの代わりにペンで入力する超小型コンピュータで世界を変えようと奮闘し、その顛末を『シリコンバレー・アドベンチャー　ザ・起業物語』（日経BP）にまとめました。私は30代半ばのときに読みましたが、10年か15年早かったらきっとシリコンバレーを目指しただろうと思うようなとても素晴らしい本でした。

「永くこの世に残るものをつくること、いい製品を売り、多くの人を雇用し、株主の富を増やす成長企業をつくりあげること」という高い理想を掲げたこのベンチャーはけっきょく失敗するのですが、カプランはその後もシリコンバレーで生き残り、ＩＴ関係の起業家としてかなりの富を蓄えたあと、現在は母校のスタンフォード大学で人工知能の及ぼす影響と倫理について教えています。
そのカプランは、現代のテクノロジーを「合成頭脳」と「労働機械」に分けます[39]。

合成頭脳は機械学習、ニューラル・ネットワーク、ビッグデータ、認知システム、遺伝的アルゴリズムなどのことで、労働機械は人間の作業員と共同してパイプを施設したり、農作物を収穫したり、家を建てたりするほか、消火作業にあったり、橋の検査をしたり、海底に機雷を施設したり、戦場で戦うなど、危険で人間の近寄れない環境で単独で作業します。合成頭脳と労働機械を組み合わせれば、料理から外科手術まで、高度な知識や技能が必要なさまざまな仕事を実行できるようになるでしょう。

テクノロジーの最先端にいるカプランは、機械の方が正しい意思決定ができることをひとびとが受け入れるようになるにつれ、重要な道義的決断や個人的な決断ですらAIに任せるようになるといいます。機械はきつくてつらい仕事の大半を引き受けて、「史上例のない余暇と自由を人間に与えてくれる」のです。

「機械との競争」がどのような未来をもたらすのか、多くのひとが不安に思っています。そこで最後に、すこし長くなりますが、カプランが人類の未来をどのように描いているかを紹介しておきましょう。私のような門外漢がなにかいうよりも、テクノロジーの夢と可能性に青春を捧げ、シリコンバレーで失敗と成功を繰り返し、いまは大人になって高みから現実を観察している人物の言葉の方が、はるかに価値があると思うからです。

以下が、人類の未来である「働き方5・0」の世界です。

合成頭脳は、人間が必要なあいだは人間と協力して働くだろう。しかし、いずれ自分で自分を設計し、修理し、複製することができるようになる。そうなったら、人間は放っておかれるのではないだろうか。人間は「奴隷」にされるかといえば、おそらくそうはなるまい。むしろ、特別区で飼育されるとか保護されるというほうがありそうだ。そこでの暮らしはきわめて快適で便利なので、わざわざ外に出る気にはならないというわけである。人間と機械は同じ資源をめぐって競合するわけではないから、人間が芋虫や線虫を放っておくように、かれらは人間を完全に無視して放っておくだろう。あるいは人間がペットを飼うように、人間の世話を焼くようになるかもしれない。しかし、いまから心配する必要はない。実際こんなことが起こるとしても、それははるか未来のことになる。いま生きている世代にはなんの関わりもないことだ。

しかし、しまいにそういうことになったとしたら――その場合、人間保護区の境界はどこになるのだろうか。それはまあ、地球上の陸地や海の表面ということではどうだろうか。なぜなら、合成頭脳はその他どこにでも行けるからだ。宇宙空間でも、地中でも海中でも――人間の行けないところに。人間にはまったく申し分ないことに思えるだろう。コンピュータ・チップがどんどん縮んでスマートフォンのなかに消えていったように、機械はどんどん「引っ込んで」いきつつ、ずっと人間のために奉仕してくれるように見える。ふだんは気づかないが、人類が自分で自分を害しそうになると、かれらはそれを防ぐために介入してくる。そして初めて人間は真実に気がつくのだ――飼っているのはどちらで、飼われているのはどちらかということに。

紆余曲折はあるとしても、人類はいずれユートピアあるいは「陸生飼育器（テラリウム）」に到達することになるようです。

本書はライターの山路達也さんにインタビューをまとめてもらい、それに加筆しました。

2019年2月

橘　玲

文庫版あとがき　ハックされるな、ハックせよ

近年、欧米を中心にミレニアル世代のあいだで影響力を増しているのが、ミニマリズムとＦＩＲＥ（経済的に独立し早期リタイアする）です。アメリカ西海岸などのリベラルな富裕層のライフスタイルは、ＢＯＢＯＳ（ブルジョア・Bourgeois+ボヘミアン：Bohemians）と呼ばれることもあります。

ＦＩＲＥが目指す経済的独立（ＦＩ）は、会社に依存しなくてもいいだけの金融資産をできるだけ早く貯めることで、その目標はだいたい１００万ドル（約１億円）です。〝億り人〟になれば、パワハラの上司や足を引っ張ろうとする同僚、責任を押しつけてくる無能な部下に煩《わずら》わされることなく、自由な人生を生きることができると考えているのです。

とはいえ近年は、早期リタイア（ＲＥ）は仕事からの引退ではなく、好きな仕事で長く働くことに変わってきました。現代社会において、もっとも確実に「自

己実現」する方法は職業的達成です。大人になってからの人間関係はほとんどが仕事を介したものですから、いったん「リタイア」してしまうと、金融資本は持っていても、人的資本も社会資本もすべて失ってしまいます。貯蓄を食いつぶすだけで誰からも評価されないのでは、有意義な人生を送るのは難しいでしょう。

「生涯現役」や「生涯共働き」という言葉も当たり前に使われるようになりました。「なにを机上の空論をいっているのか」と批判された頃に比べれば、日本社会も確実に変わりつつあります。

専門的なスキルを使って「生涯現役」で働けば、年収300万円としても、60歳から80歳までの20年間で6000万円、「生涯共働き」なら総世帯収入は2人で1億円を超えます。一方、定年退職者は年金以外の収入はゼロです。日本でも経済格差が社会問題になっていますが、ほんとうの「格差」は65歳以降に生じるという当たり前の事実（ファクト）に、これから誰もが気づくことになるでしょう。

ミニマリズムは必要最小限のモノだけのシンプルな暮らしで、FIREは必然的にミニマリストでもあります。なぜなら、お金を使うとお金は貯まらないから。デジタル・ミニマリズムというのもあって、こちらは「スマホ断ち」などでSNSなどから距離を取ることをいいます。

ミニマリズムの背景にあるのは、大衆消費文化（モノ）やデジタル化（情報）によって脳の報酬系をハックされているという恐怖感でしょう。企業にとっては、いったん報酬系をロックインしてしまえば、消費者を自社の商品・サービスの「依存症」にできます。どんなに倫理的な企業でもこの誘惑を拒否できるはずはなく、ＡＩ（人工知能）とビッグデータを使って収益を最大化しようとすれば、必然的に脳をハッキングするビジネスモデルができ上がるのです。

テクノロジーの最先端を行くシリコンバレーで、ミニマリズムと並んでストア哲学やマインドフルネス（仏教）が流行しているのは、自分の脳が日常的にハックされていることに気づいている（あるいは自ら開発している）からでしょう。

ミニマリストの生活をしながらＦＩ（経済的独立）を実現し、それでもカジュアルな暮らしを続けるとＢＯＢＯＳになります。彼ら／彼女たちは、フリーエージェントとして働く「成功したミニマリスト」です。

ＡＩ（人工知能）が囲碁や将棋で人間を超えたと大きな話題になりましたが、

シンギュラリティ大学の創設者の一人であるピーター・ディアマンディスは、AIのような単独の技術が世界を変えるのではなく、驚異的なイノベーションは、さまざまな分野で開発されたテクノロジーが「融合（コンヴァージェンス）」することで生まれるといいます[40]。

テクノロジーが指数関数的に進歩し、さまざまな分野で融合することで、これからの10年で世界は大きく変わっていくでしょう。そんななか、旧来と同じルールに従っていては脱落するだけだとの不安が広がるのは当然です。こうして、システムをハックすることでFIを実現しようとする若者が増えています[41]。

これらの社会現象は、すべてつながっています。それをひと言でいうならば、「ハックされるな、ハックせよ」になるでしょう。ますます高度化する一方の知識社会で「自分らしく生きたい」と思えば、世界の若者たちの人生戦略はひとつに収斂していくようです。

２０２２年２月

橘　玲

註

【1】ロッシェル・カップ『日本企業の社員は、なぜこんなにもモチベーションが低いのか?』クロスメディア・パブリッシング
【2】小池和男『日本産業社会の「神話」―経済自虐史観をただす』日本経済新聞出版社
【3】「労働生産性の国際比較　2021年版」日本生産性本部
【4】トーマス・フリードマン『遅刻してくれて、ありがとう―常識が通じない時代の生き方』日本経済新聞出版社
【5】フリードマン『遅刻してくれて、ありがとう』
【6】パティ・マッコード『NETFLIXの最強人事戦略―自由と責任の文化を築く』光文社
【7】ラズロ・ボック『WORK RULES!(ワーク・ルールズ!)―君の生き方とリーダーシップを変える』東洋経済新報社
【8】ダニエル・ピンク『フリーエージェント社会の到来―組織に雇われない新しい働き方(新装版)』ダイヤモンド社
【9】マリオン・マクガバン『ギグ・エコノミー襲来―新しい市場・人材・ビジネスモデル』CCCメディアハウス
【10】「誇張されすぎ?　ギグ・エコノミー」日本経済新聞2019年1月13日
【11】ドン・タプスコット、アレックス・タプスコット『ブロックチェーン・レボリューション―ビットコインを支える技術はどのようにビジネスと経済、そして世界を変えるのか』ダイヤモンド社
【12】A・R・ホックシールド『壁の向こうの住人たち―アメリカの右派を覆う怒りと嘆き』岩波書店
【13】水島治郎『反転する福祉国家―オランダモ

デルの光と影』岩波書店
【14】鈴木優美『デンマークの光と影―福祉社会とネオリベラリズム』壱生舎
【15】井戸まさえ『無戸籍の日本人』集英社
【16】遠藤正敬『戸籍と無戸籍―「日本人」の輪郭』人文書院
【17】遠藤正敬『戸籍と無戸籍』【18】「契約社員の格差「一部違法」」朝日新聞2017年9月15日
【19】山口一男『働き方の男女不平等―理論と実証分析』日本経済新聞出版社
【20】大内伸哉、川口大司『解雇規制を問い直す―金銭解決の制度設計』有斐閣。以下の記述も同書から。
【21】「公務員、60歳から賃金7割　定年延長で法案」日本経済新聞2019年1月8日
【22】大内伸哉、川口大司『解雇規制を問い直す』
【23】ブランコ・ミラノヴィッチ『大不平等―エレファントカーブが予測する未来』みすず書房
【24】小林由美『超一極集中社会アメリカの暴走』新潮社
【25】リチャード・ウィルキンソン、ケイト・ピケット『平等社会―経済成長に代わる、次の目標』東洋経済新報社
【26】ドン・タプスコット、アレックス・タプスコット『ブロックチェーン・レボリューション』
【27】アンドリュー・マカフィー、エリック・ブリニョルフソン『プラットフォームの経済学―機械は人と企業の未来をどう変える？』日経BP。以下の記述も同書から。
【28】David Graeber "Bullshit Jobs: A Theory" Simon & Schuster
【29】デヴィッド・グレーバー「いらない仕事が増える理由」月刊『Voice』2018

年12月号
【30】リチャード・サスカインド、ダニエル・サスカインド『プロフェッショナルの未来―AI、IoT時代に専門家が生き残る方法』朝日新聞出版
【31】デイビッド・ブルックス『アメリカ新上流階級ボボズ―ニューリッチたちの優雅な生き方』光文社
【32】朝日新聞2018年12月19日
【33】日本経済新聞2018年2月23日
【34】スーザン・D・ハロウェイ『少子化時代の「良妻賢母」―変容する現代日本の女性と家族』新曜社
【35】尾原和啓と橘玲「まだ会社で働いているの?」『Voice』2018年12月号
【36】「40歳で引退、米国で盛り上がる「FIRE」運動」日本経済新聞2019年1月17日
【37】Zai ONLINE 2021年6月11日【橘玲の日々刻々】「誰もが知っていながら報じられない、「労働者」以前に「人間」としてなんの権利も認められていない非正規公務員の現実」
【38】「Gゼロの世界の先 国際政治学者、イアン・ブレマーさん」朝日新聞2018年8月22日
【39】ジェリー・カプラン『人間さまお断り 人工知能時代の経済と労働の手引き』三省堂
【40】ピーター・ディアマンディス、スティーブン・コトラー『2030年―すべてが「加速」する世界に備えよ』ニューズピックス
【41】橘玲『裏道を行け―ディストピア世界をHACKする』講談社現代新書

著者紹介

橘　玲（たちばな あきら）

1959年生まれ。作家。

2002年国際金融小説『マネーロンダリング』（幻冬舎文庫）でデビュー。『タックスヘイブン』『お金持ちになれる黄金の羽根の拾い方』（以上、幻冬舎）、『幸福の「資本」論』（ダイヤモンド社）など金融・人生設計に関する著書も多数。『言ってはいけない　残酷すぎる真実』で2017新書大賞受賞。近著に、『無理ゲー社会』（小学館新書）、『スピリチュアルズ「わたし」の謎』（幻冬舎）ほか著書多数。最新刊は、『裏道を行け』（講談社現代新書）。

本書は、2019年3月にPHP研究所より刊行された『働き方2.0 vs 4.0 ―不条理な会社人生から自由になれる』を改題し、加筆・修正したものである。

PHP文庫　不条理な会社人生から自由になる方法
働き方2.0 vs 4.0

2022年4月1日　第1版第1刷
2022年4月8日　第1版第2刷

著者　橘　玲
発行者　永田貴之
発行所　株式会社PHP研究所
東京本部　〒135-8137　江東区豊洲5-6-52
PHP文庫出版部　☎03-3520-9617(編集)
普及部　☎03-3520-9630(販売)
京都本部　〒601-8411　京都市南区西九条北ノ内町11
PHP INTERFACE　https://www.php.co.jp/
組版　有限会社エヴリ・シンク
印刷所
製本所　図書印刷株式会社

ISBN978-4-569-90208-1

PHP文庫

素直な心になるために

松下幸之助 著

著者が終生求め続けた〝素直な心〟。それは、物事の実相を見極め、強く正しく聡明な人生を可能にする心をいう。素直な心を養い高め、自他ともの幸せを実現するための処方箋。